SGE 上海黄金交易所博士后工作站文库

陆港通对相应股票价格
及波动性影响研究

李江平　著

中国金融出版社

责任编辑：黄海清
责任校对：潘　洁
责任印制：张也男

图书在版编目（CIP）数据

陆港通对相应股票价格及波动性影响研究/李江平著 . —北京：中国金融出版社，2020.9
（上海黄金交易所博士后工作站文库）
ISBN 978 - 7 - 5220 - 0686 - 4

Ⅰ.①陆…　Ⅱ.①李…　Ⅲ.①股票价格—研究—中国　Ⅳ.①F832.51

中国版本图书馆 CIP 数据核字（2020）第 117340 号

陆港通对相应股票价格及波动性影响研究
LUGANGTONG DUI XIANGYING GUPIAO JIAGE JI BODONGXING YINGXIANG YANJIU

出版
发行　　中国金融出版社

社址　　北京市丰台区益泽路 2 号
市场开发部　（010）66024766，63805472，63439533（传真）
网 上 书 店　http://www.chinafph.com
　　　　　　（010）66024766，63372837（传真）
读者服务部　（010）66070833，62568380
邮编　　100071
经销　　新华书店
印刷　　保利达印务有限公司
尺寸　　169 毫米 ×239 毫米
印张　　11.75
字数　　160 千
版次　　2020 年 9 月第 1 版
印次　　2020 年 9 月第 1 次印刷
定价　　48.00 元
ISBN 978 - 7 - 5220 - 0686 - 4
如出现印装错误本社负责调换　联系电话（010）63263947

总序

自 1978 年改革开放至今，中国经济呈现接近两位数的较高年均增幅，创造了中国发展奇迹。不过近年来，我国经济形势转变明显。虽然 2010 年国内生产总值（GDP）依然保持 10.6% 的增速，但 2011 年以来，我国经济增长速度逐渐下滑，经济下行压力明显。党的十九大作出了"我国经济已由高速增长阶段转向高质量发展阶段"的重要论断。目前，我国经济正处在转变发展方式、优化经济结构、转换增长动力的攻关期。在国内外经济形势错综复杂的关键时刻，我国经济发展正面临百年未有之大变局。

金融作为现代经济的核心，是连接各经济部门的重要纽带。改革开放以来，我国金融业发展取得显著成效。特别是党的十八大以来，我国有序完善金融服务、防范金融风险、保障金融安全、深化金融改革、加强金融开放与合作，金融产品日益丰富，金融服务普惠性增强，金融监管得到加强和改进。伴随着我国金融改革开放进程的不断推进，金融业经营效率逐渐改善，社会经济发展对金融业的需求日益提升，金融业在国民经济中的地位显著增强。然而，随着我国经济转向高质量发展阶段，金融业的市场结构、经营理念、创新能力、服务水平等还不适应经济高质量发展的要求，诸多矛盾和问题仍然突出。

习近平总书记高度重视经济金融工作，多次发表重要讲话谈话，对经济金融工作指示批示。在主持十九届中共中央政治局第十三次集体学习时，习近平总书记指出"经济是肌体，金融是血脉，两者共生共荣"。"血脉"与"肌体"的类比揭示了金融服务实体经济的深刻内涵，"共生共荣"的关系界定彰显两者是互相依存的有机整体，这是对金融在国民经济中重要地位的新论述。目前，我国正处在深化金融供给侧结构性改革的重要时期。党的十九届四中全会提出了"健全具有高度适应性、竞争力、普惠性的现代金融体系"的宏伟目标，这是党中央针对金融业提出的重要治理方针。在此背景下，应当秉持服务实体经济高质量发展的宗旨，扎实推进并做好各项金融工作。

完善要素市场化配置是建设统一开放、竞争有序市场体系的内在要求，是坚持和完善社会主义基本经济制度、加快完善社会主义市场经济体制的重要内容。黄金市场是金融要素市场的重要组成部分。大力推动黄金市场发展，有利于完善我国金融市场体系，深化金融市场功能，这对于增强金融服务实体经济能力也会发挥重要作用。2002年10月，经国务院批准、由中国人民银行组建，上海黄金交易所（以下简称上金所）正式运行。上金所的成立实现了中国黄金生产、消费、流通体制的市场化，开启了中国黄金市场化的历史进程，是中国黄金市场开放的重要标志。

成立18年来，上金所顺应中国经济崛起和金融改革开放大势，坚持服务实体经济和金融市场发展的原则，抢抓机遇，克难奋进，推动中国黄金市场实现了从无到有、从小到大、从弱到强的跨越式发展。近年来，上金所先后启动国际板、推出全球首个以人民币计价的黄金基准价格"上海金"，并挂牌"上海银"集中定价合约，努力服务实体经济，积极助力人民币国际化，已逐步成为中国黄金市场的枢纽以及全球重要的黄金、白银、铂金交易中心。目前，上金所主要业务包括：一是交易服务。中国已逐步形成了以上金所集中统一的一级市场为核心，竞争有序的二级市场为主体，多元的衍生品市场为支撑的多层次、全功能黄金市场体系，涵盖竞价、定价、询价、报价、金币、租借、黄金 ETF 等市场板块。二是清算服务。上金所实行"集中、净额、分级"的结算原则，目前主板业务共有指定保证金存管银行 18 家，国际板业务共有指定保证金存管银行 9 家。三是交割储运服务。上金所实物交割便捷，在全国 36 个城市使用 67 家指定仓库，满足了国内包括金融、生产、加工、批发、进出口贸易等在内的各类黄金产业链企业的出入库需求。截至 2019 年底，上金所会员总数达 270 家，交易量已连续 13 年位居全球黄金现货场内交易所之首，对全球黄金市场格局产生深远影响。

百舸争流，千帆竞发。上金所在历史的新征程中提出了建设国际一流的综合性黄金交易所。在未来国际化过程中，上金所作为全国黄金市场的核心枢纽，将继续把握主动，统筹好市场化、国际化两个发展大局，实现黄金市场由商品交易为主向商品交易和金融交易并重转变，由现货交易为主向现货与衍生品双功能为主转变，由国内市场为主向国内市场和国际市场共同发展转变；打造上海金和百姓金"两金"品牌，营造一流的企业文化，构建各类市场主体深度参与、开放水平不断提高、要素有序流动、资源高效配置、具有活力和竞争力的市场体系，实现业务国际化和交易全球化，推动黄金市场创新、开放、共享和平衡健康发展。

为了更好地服务黄金产业及国家的经济金融发展大局，为中国金融市场的改革开放、人民币国际化深入推进和"一带一路"倡议等贡献力量，上金所与复旦大学根据全国博士后管委会《博士后管理工作规定》于 2016 年协商设立上海黄金交易所博士后科研工作站，延揽有志之士对上金所发展中面临的重大问题开展战略性、前瞻性研究，也为中国黄金市场进一步发展培养、储备高级人才。工作站依托复旦大学博士后科研流动站丰富多样的理论研究资源，立足上金所市场实践，为博士后研究人员提供全面了解中国金融市场、深刻理解中国黄金市场以及深入研究黄金市场前沿问题的机会。

为了展示和分享在站博士后的科研成果，我们推出《上海黄金交易所博士后工作站文库》丛书，编辑出版上海黄金交易所博士后的学术专著，涉及各金融要素市场如证券、期货、外汇、贵金属以及法律、计算机、信息工程等专业领域。本套丛书涵盖金融市场基础设施建设、金融机构公司治理、金融科技（FinTech）与金融市场发展、金融创新与投资者保护、人民币国际化与中国黄金市场发展、黄金定价机制问题、黄金市场风险管理、黄金市场法制体系建设等重大研究课题，旨在为黄金市场、金融市场的研究者和工作者提供交流平台，以阐发观点、启迪思想、开拓创新，为我国黄金市场、金融市场的建设提供有益的理论借鉴。

我们期待丛书的陆续出版能够引起社会各界的广泛关注，对我国黄金市场和金融市场的发展起到推动和促进作用。丛书的编写工作难免存在不足之处，还望海内外同仁同行批评指正，不胜感激之至。

2020 年 9 月

前言

　　陆港通是香港和内地证券市场互联互通的一种重要机制，两地的投资者互相到对方市场直接买卖股票，投资者跨境，但产品仍在对方市场。陆港通机制为我国资本市场的加速开放奠定了基础。明晟指数纳入了互联互通股票的大盘股票，富时罗素指数也将纳入富时中国 A 股互联互通全盘指数中符合资格的大、中、小盘股票。一方面，外资的加速流入会对我国的资本市场形成冲击，股票价格在短期和长期都会受到影响，短期内股票价格的同涨同跌现象趋于减弱，长期而言相关股票的波动性会降低，市场间的风险联动性增强；另一方面，投资者结构将产生巨大的改变，投资者的投资动机也会受到外资投资者的影响。在人民币加入 SDR 后，人民币国际化正在加速，中国资本项目全面对外开放是一种趋势。在此种情形下，陆港通制度解决了境外投资者投资内地股票的便利性问题，同时也解决了内地投资者买入香港股票的便利性问题。基于陆港通机制对 A 股和 H 股价格和波动性的研究具有很强的现实意义。

　　本书首先构建了陆港通制度初期和中期陆股通重仓股票的动态模型，以四类投资者的相互博弈引起股票价格变化为基础，得出陆港通制度初期到中期，相应股票的价格呈现显著的动量效应。这一模型成立的条件是低换手率的股票相较于高换手率的股票存在更强的动量效应。产生动量效应的原因有两部分：一部分是陆股通重仓股票持续上涨带来的正收益，另一部分是陆股通低持股股票连续下跌带来的负收益，而低持股股票价格下降的幅度要大于高持股股票价格上涨的幅度。陆港通制度在一定程度上降低了陆股通重仓股票的波动率。为了克服内生性问题，本书引入一种特殊的政策效应面板数据评估方法，在假定匹配组股票和实验组股票存在固定的线性关系的情况下，估计出反事实波动率，通过对比反事实波动率和真实波动率，得出陆港通制度对标的股票波动率的政策效应。最后，陆港通作为一种互联互通的特殊制度，对两地三个市场的影响是相互的。为了避免公司基本面带来的影响，以 A－H 股为样本考查两地股票价格的相互变化，以两地的三个指数考查市场收益率和波动率的溢出效应。

第一，本书以投资者对股票信息反应不足和反应过度的模型为基础，构建了以消息观察者、动量交易者、陆股通交易者、套利交易者为参与者的动态信息反馈模型，分析了陆股通资金不断缓慢买入的投资行为改变了其他投资者的投资风格，投资者的投资生态环境正缓慢发生质的变化。实证结果表明，陆股通资金持续买入的股票，存在短期和中期动量效应，这些动量效应在多日策略、多周策略、多月策略中都是显著的。对换手率和收益率先后排序，换手率较低的组合相对于换手率较高的组合有更高的收益率。在控制换手率的情况下，陆股通持股比例较高的股票仍然表现出显著的动量效应，且持股比例高的组合比持股比例低的组合获得的收益率更高。最后以陆股通资金偏好投资的大市值股票进行稳健性分析，同时考虑时间因素的影响，分别对沪港通和深港通不同的时间区间进行了稳健性检验，结论是一致的。

第二，本书研究和探索了陆股通资金对 A 股波动性的影响。利用特殊的面板数据评估方法，使用波动属性相近的控制组样本，计算出每只股票的反事实波动率，同时构建相应的组合，考查相应组合波动率的动态变化，研究陆港通制度对 A 股价格波动性的影响。研究发现，在深港通开通后，多数股票的波动率显著降低，股票组合总体的波动率显著降低，且深股通资金净额比率对股票价格波动性有显著的负效应，融资带来的负效应和融券带来的正效应进一步加强了深股通资金净额比率的负效应；大市值、净资产收益率高、净利润增长率高、可持续增长率高、当期涨幅小的股票受深港通政策影响较大，股价波动率下降幅度更大。沪港通政策初期，构建的沪股通所有组合的波动率都显著上升，大市值、低净资产收益率、低公司价值倍数、高股息率、低换手率的组合波动率升高幅度更大，沪股通资金在初期对波动率的政策效应显著为正。沪股通政策运行一年九个月后，构建的沪股通所有组合的波动率都显著下降，大市值、高净资产收益率、高企业价值倍数、高股利获得率、高前期涨幅、低换手率组合受沪港通政策影响更大，组合的波动率下降幅度更大。重要的是，沪股通资金在沪港通政策中期扮演平缓市场波动的角色，沪股通资金对波动率的政策效应显著为负。最后改变样本的时间长度，将样本替换为 MSCI 纳入标的进行稳健性检验，发现陆股通资金在中期对波动率的政策效应都显著为负。

第三，陆股通互联互通机制不仅会影响中国 A 股的价格和波动性，也会影响香港股票的价格和波动性。从内地投资者和香港投资者的投资动机出发，探讨 A－H 股存在溢价率的原因，进一步分析两地三个市场收益率和波动率的溢出效应，寻找两地股票之间的联动情况。实证结果表明，由于散户投资者对市场的影响作用较大，在沪港通开通前，上海 A－H 股表现为相应股票的换手率与流通市值显著负相关，而在沪港通开通后，相应股票的换手率与流通市值显著正相关，沪港通政策改变了投资者的投资动机。由于香港市场投资者始终以机构投资者为主，在整个样本时间，香港 A－H 股股票的换手率与流通市值显著正相关。在沪港通开通前，A－H 股溢价率与香港相应股票的换手率显著负相关；在沪港通开通后，A－H 股溢价率与香港相应股票的换手率显著正相关。在深港通开通前，A－H 股溢价率与香港相应股票换手率关系表现不稳健；而在深港通开通后，A－H 股溢价率与香港相应股票的换手率显著负相关，香港市场投资者始终以流动性动机进行交易。当一个市场处于牛市时，陆港通制度减弱了上海、深圳、香港三个市场收益率之间的联动性,对三个市场波动性影响先增强后减弱。当市场处于熊市时,陆港通制度同时加强了三个市场收益率和波动率的联动性。改变变量先后次序,改变迭代窗口的时间长度进行稳健性检验,得出的溢出指数结果仍然一致。

相对于现有研究,本书的创新性和贡献主要体现在以下几个方面:

其一,目前针对我国股票价格的研究模型还没有考虑陆股通投资者的特殊作用。本书从市场中四类投资者入手,在利好和利空信息传播过程中,讨论了这四类投资者对相关股票价格的影响,构建了动态的价格演变模型。以往大多数文献得出中国股市存在显著的反转效应,没有发现中期动量效应。但是我们以陆港通制度出台后的陆股通重仓股为样本,发现了中期动量效应,此外发现做多陆股通高持股股票,同时做空陆股通低持股股票,能够获得稳定的正收益。

其二,现有的文献大多局限于沪港通开通前后一个月内的政策效应,用事件分析法研究沪港通政策引起的预期收益的变化。研究市场波动的文献也是从基本的 Garch 模型或者双差分模型出发,而 Garch 模型需要假定事件之外无其他变化因素影响波动率,双差分模型基于事件对实验组和控制组的影响是同质的。我们采用的基于面板数据反事实研究法能更贴切而真实地得出波动性的影响。

其三,陆港通制度初期,中国 A 股市场先出现大幅度上升、后又出现大幅度下降,现有研究发现 A - H 股出现溢价率扩大的现象。本书为精确计算,利用两地资金的净流入率的差值来表示市场的流进流出指标,更精确地研究了陆港通制度引起的资金流动对两地不同市场的 A - H 股的政策效应,得出的结论与现有研究结论不同。同时,目前研究陆港通制度对两地市场溢出效应采用的是静态的参数模型,而本书采用时变系数模型,计算出市场总体的溢出效应,能更好地分析溢出效应的动态变化。

根据研究思路和研究方法,本书共分为六章,具体章节内容安排如下:

第一章为引言。介绍本书的研究背景、需要研究的问题、研究的理论意义和现实意义，提出研究的内容和使用的研究方法，并对本书的创新和不足作出介绍和阐述。

第二章为文献综述。介绍了资本市场开放过程中外资的流进和流出对资本市场影响的相关研究，分别梳理陆港通政策对股票价格的影响、对股票波动率的影响、其他政策变化对波动率的影响和溢出效应的相关文献。

第三章研究陆股通股票价格影响机制。发现了以往研究中没有出现的中期动量效应，进一步分析控制换手率的影响，得出陆股通资金是产生动量效应的源泉之一。

第四章探索了陆港通对 A 股波动性的影响。探讨沪港通制度下沪股通股票中曾进入日成交额前 10 名的股票在制度初期和中期的波动率的变化，通过沪股通仅纳入部分股票的自然实验，得出沪港通制度初期，沪股通标的股票的波动率变大，沪股通资金对波动率有显著的正效应。沪港通制度中期，沪股通标的的股票的波动率变小，沪股通资金对波动率有显著的负效应，且沪股通资金起到了降低波动率的作用。类似地，得出深港通制度初期，深股通实验标的的波动率出现了显著的分层次变化，波动率变小的股票只数多于波动率变大的股票只数，按市值加权之后的全样本组合的波动率显著变小，深股通资金对波动率表现为显著的负效应，深股通资金在初期同样起到了降低波动率的作用。

第五章探讨了陆港通制度下两地股票市场的相互融合和相互影响。从两地投资者的投资动机入手，考查陆港通制度对两地投资者投资行为的影响，构建收益率和波动率的溢出指数，运用迭代方法分析时变的溢出指数，发现两地市场在上涨过程中收益率的溢出效应在减弱，在下跌的过程中收益率的溢出效应在增强，两地波动性的溢出效应也在增强。

第六章是研究结论及启示。对第三章、第四章、第五章的研究进行归纳总结，对全书的理论与实证进行全面的总结，根据中国资本市场开放的具体情形，提出相关的政策建议，并对未来相关研究的发展进行了展望。

目录

第一章
引言

第一节　研究背景与研究意义

一、研究背景

（一）陆港通①对 A 股价格的影响

2014 年 4 月 10 日，李克强总理提出"建立上海与香港股票市场交易互联互通机制"。当日上证指数上涨 1.38%，沪股通标的股票海螺水泥、宁沪高速等 A 股出现 10% 的上涨，而这类股票的特点是同时在 A 股和 H 股上市。从市场实际交易情况看，A 股对沪港通②政策更为敏感。沪股通交易股票包括上证180 指数成分股、上证 380 指数成分股、A－H 股上市公司的上交所上市 A 股（见表 1.1）。2014 年 11 月 17 日，沪港通股票正式实现交易，开通至今，沪港通板块股票的价格出现了明显的变化。从表 1.2 A－H 股溢价率对比结果来看，在批准实行沪港通机制前一个交易日和沪港通正式实施前一个交易日，上

---

① 陆港通是沪港通和深港通的统称。

② 沪港通是沪港股票市场交易互联互通机制试点的简称，即上海证券交易所和香港联合交易所允许两地投资者通过当地证券公司买卖规定范围内的对方交易所上市的股票。

交所 A 股相对于 H 股溢价率小于 0 的股票分别为 20 只和 19 只，占总数比例分别为 29.85% 和 27.54%，即沪港通开通前 A 股估值相对 H 股较低的情况较为普遍。沪港通开通后初期，在上证指数上涨至最高点时，上交所 A 股相对于 H 股溢价率小于 0 的股票只有 2 只，占比仅为 2.86%，溢价率大于 40% 的股票占比达 62.86%。在 A 股股票估值得到合理回归的同时，沪股通资金在初期起到了助涨的作用，股票估值出现泡沫化现象，这一结果与 Choe、Khol 和 Stulz（1999）对韩国资本市场开放的研究结果相似。沪港通开通三年后，截至 2018 年 5 月 31 日，溢价率大于 40% 的股票占比下降为 40.74%。沪港通开通中期，投资者对股票投资相对理性，股票价格和估值更加合理，沪港通政策对 A 股与 H 股定价产生了重大的影响。

2016 年 8 月 16 日，深港通①相关准备工作就绪，国务院正式批准《深港通实施方案》。2016 年 12 月 5 日，深港通正式开通，深股通交易股票包括市值 60 亿元及以上的深圳成分指数和深圳中小创新指数成分股、A - H 股上市公司的深交所上市 A 股（见表 1.1）。在正式开通前一个交易日，共有 17 只深圳 A - H 股票正常交易，其等权重加权平均溢价率为 0.3881。2018 年 5 月 31 日，共有 18 只深圳 A - H 股正常交易，其等权重加权平均溢价率为 0.3652，总体溢价率有微幅的下降，溢价率大于 40% 的股票占比从 2015 年 6 月 12 日的 88.23% 下降为 33.33%（见表 1.2）。估值发生如此巨大的改变，深股通资金在此过程中扮演的作用值得我们进一步深入研究。中国资本市场开放的进程在不断推进，如表 1.3 所示，国际知名指数交易商明晟指数、富时罗素国际指数、标普道琼斯指数相继纳入 A 股，它们都是基于陆港通互联互通的机制进行交易，研究陆港通制度对相应股票价格的影响显得尤为重要。

---

① 深港通是深港股票市场交易互联互通机制试点的简称，即深圳证券交易所和香港联合交易所允许两地投资者通过当地证券公司买卖规定范围内的对方交易所上市的股票。

表 1.1　　　　　　　　　　　　陆港通标的股票

	沪港通	深港通
标的股票	(1) 上证 180 指数、380 指数成分股； (2) 同时在上交所、联交所上市的 A、H 股； (3) 恒生综合大型股、中型股指数成分股	(1) 深圳成分指数及深圳中小创新指数成分股，且成分股定期调整截止日前六个月日均市值不低于人民币 60 亿元，上市时间不足六个月的按实际上市时间计算市值； (2) 同时在深交所、联交所上市的 A、H 股； (3) 恒生综合大型股、中型股指数成分股； (4) 恒生综合小型股指数成分股，且成分股定期调整截止日前十二个月港股平均月末市值不低于 50 亿港元，上市时间不足十二个月的按实际上市时间计算市值
投资门槛	个人投资者参与港股通需满足：(1) 证券账户及资金账户资产合计不低于人民币 50 万元；(2) 不存在严重不良诚信记录；(3) 不存在法律、行政法规、部门规章、规范性文件和业务规则规定的禁止或者限制参与港股通交易的情形	条件同左边港股通满足的条件，同时，《中国证券监督管理委员会、香港证券及期货事务监察委员会联合公告》明确，开通初期，深股通投资者买卖创业板股票，参与的投资者必须是机构投资者，及证券账户、资金账户余额合计不低于人民币 50 万元的个人投资者，待解决相关监管事项后，其他投资者可以参与创业板股票交易
投资额度	2014 年 11 月 17 日至 2018 年 5 月 1 日，沪股通额度为 130 亿元，港股通额度为 105 亿元；2018 年 5 月 1 日至今，沪股通额度为 520 亿元，港股通额度为 420 亿元	2016 年 12 月 5 日至 2018 年 5 月 1 日，深股通额度为 130 亿元，港股通额度为 105 亿元；2018 年 5 月 1 日至今，深股通额度为 520 亿元，港股通额度为 420 亿元

数据来源：根据上海证券交易所和深圳证券交易所官网公告文件整理而成。

表 1.2　　　　A－H 股在沪港通、深港通开通前后溢价率

日期	溢价率小于 0 的股票只数	溢价率 0~20% 的股票只数	溢价率 20%~40% 的股票只数	溢价率 40%~60% 的股票只数	溢价率 60%~80% 的股票只数	溢价率 80% 以上的股票只数
上海 A－H 股						
2014 年 4 月 9 日	20	17	15	9	6	0
2014 年 11 月 14 日	19	15	26	9	0	0
2015 年 6 月 12 日	2	8	16	16	28	0
2016 年 1 月 28 日	2	14	19	19	15	1
2018 年 5 月 31 日	3	18	27	26	6	1

续表

日期	溢价率小于0的股票只数	溢价率0~20%的股票只数	溢价率20%~40%的股票只数	溢价率40%~60%的股票只数	溢价率60%~80%的股票只数	溢价率80%以上的股票只数
深圳 A－H 股						
2015 年 6 月 12 日	1	0	1	9	6	0
2016 年 8 月 15 日	0	2	7	3	5	0
2016 年 12 月 2 日	1	1	9	2	4	0
2018 年 5 月 31 日	1	3	8	2	4	0

数据来源：CSMAR 数据库。

表 1.3　　　　　　　　　　陆港通发展历程

日期	沪港通	日期	深港通
2014.4.10	中国证券监督管理委员会（以下简称中国证监会）和香港证券及期货事务监察委员会（以下简称香港证监会）决定原则批准沪港通项目	2016.3.5	政府工作报告提出适时启动深港通
2014.6.13	中国证监会发布沪港通试点规定	2016.8.16	中国证监会与香港证监会共同签署深港通《联合公告》
2014.8.11—2014.8.30	沪港通进入全天候测试、接入测试、全网测试、连接测试	2016.10.17—2016.11.9	在深市交易独立测试系统组织港股通业务仿真测试，以检验各方港股通技术系统交易业务及非交易业务的正确性
2014.8.31—2014.10	沪港通模拟交易	2016.11.19—2016.11.26	深交所联合中国证券登记结算有限责任公司深圳分公司、香港联交所、香港结算组织全网测试
2014.11.17	沪港通正式交易	2016.12.5	深港通正式交易
2016.8.17	上海证券交易所发布《关于停止执行沪港通总额度限制规定的通知》	2017.7.7	根据《收市竞价交易时段第二阶段——确定实施日期及核实环节》的通告，将于 2017 年 7 月 24 日正式实施收市竞价交易第二阶段

续表

日期	沪港通	日期	深港通
2018.4.11	根据《中国证券监督管理委员会香港证券及期货事务监察委员会联合公告》，沪股通每日额度从 130 亿元人民币调整至 520 亿人民币，沪港通下港股通每日额度从 105 亿元人民币调整至 420 亿人民币，上述调整自 2018 年 5 月 1 日起生效	2018.4.11	根据《中国证券监督管理委员会香港证券及期货事务监察委员会联合公告》，深港通下的港股通每日额度从 105 亿元人民币调整至 420 亿人民币，并自 2018 年 5 月 1 日起生效
2018.6.1	纳入明晟指数，初始纳入因子为 2.5%	2018.6.1	纳入明晟指数，初始纳入因子为 2.5%
2018.9.1	明晟指数纳入因子从 2.5% 提升到 5%，沪股通标的有 154 只	2018.9.1	明晟指数纳入因子从 2.5% 提升到 5%，深股通标的有 82 只
2018.9.7	新增"券商客户编码"作为申报要素及相关安排；新增"券商客户编码"的定义。自 2018 年 9 月 17 日起施行	2018.9.7	将"券商客户编码"作为申报要素并明确相关安排；明确"券商客户编码"的定义。自 2018 年 9 月 17 日起施行
2019.5.28	明晟指数纳入因子从 5% 提升到 10%	2019.5.28	明晟指数纳入因子从 5% 提升到 10%
2019.6.24	富时罗素国际指数纳入因子为 5%	2019.6.24	富时罗素国际指数纳入因子为 5%
2019.8.27	明晟指数纳入因子从 10% 提升到 15%	2019.8.27	明晟指数纳入因子从 10% 提升到 15%
2019.9.23	富时罗素国际指数纳入因子从 5% 提升到 15%	2019.9.23	富时罗素国际指数纳入因子从 5% 提升到 15%
2019.9.23	标普道琼斯指数对 A 股的纳入因子是 25%，当日全部完成纳入，其中沪股通股票 578 只	2019.9.23	标普道琼斯指数对 A 股的纳入因子是 25%，当日全部完成纳入，其中深股通股票 521 只
2019.11.26	明晟指数纳入因子从 15% 提升到 20%	2019.11.26	明晟指数纳入因子从 15% 提升到 20%
2020.3.20	富时罗素国际指数纳入因子从 15% 提升到 17.5%	2020.3.20	富时罗素国际指数纳入因子从 15% 提升到 17.5%

数据来源：根据上海证券交易所、深圳证券交易所官网公告文件和 Wind 数据整理而成。

2008 年国际金融危机之前，港股与美股的联动性很强，与 A 股的走势相对独立，金融危机之后，港股走势更多地与 A 股保持较强的相关性。截至 2018 年 5 月底，在港上市的内地企业一共有 1076 家，占了香港证券市场的半壁江山，其中包括 254 家 H 股公司、164 家红筹公司及 658 家内地民营企业。这三类企业的港股市值共占香港主板市场总市值的 67%，因此两地企业的关联性正在逐步变强。2016 年香港市场境外机构投资者和本地机构投资者成交占比合计达 53.4%，远远高于个人投资者 23% 的水平，故香港证券市场相对内地市场更加成熟。当内地不成熟的资本市场与香港证券市场连通时，图 1.1 展示了 A 股和港股之间的融合过程。陆港通会助推 A 股蓝筹股估值修复和价值回归，股票市场价格定价机制和投资者理念将受到更为成熟、规范、理性的香港投资者的影响。

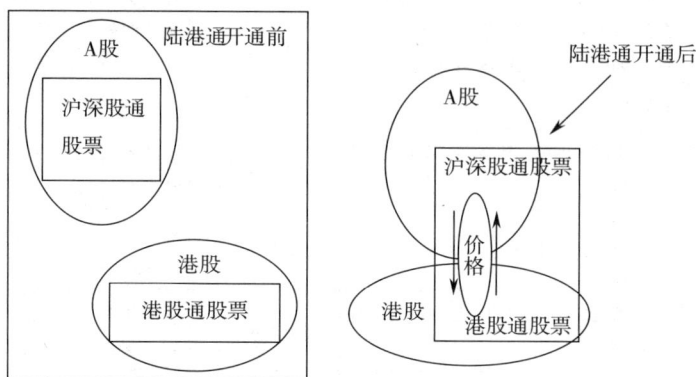

图 1.1　陆港通促进 A 股与港股融合示意图

（二）陆港通对 A 股价格波动性的影响

随着中国资本市场的不断发展，从 1991 年 B 股市场建立，到 1993 年 7 月，第一家国营企业青岛啤酒获准在香港上市，2003 年瑞士银行有限公司被批准为境内首家 QFII，2014 年沪港通实施，2016 年深港通实施。2018 年 6 月 1 日，明晟指数（MSCI）在沪港通、深港通的基础上，选定 234 只互联互通的股票，初次纳入因子为 2.5%，自纳入日至 2018 年 6 月 15 日，沪股通、深股通资金每日净流入平均额度为 31.88 亿元，远高于纳入 MSCI 之前每日平均净流入额度 6.68 亿元，在纳入 MSCI 后，外资流入有加速的迹象。2018 年 9 月 27 日，富时罗素指数宣布将于 2019 年 6 月开始纳入 A 股，2020 年 3 月完成整个纳入过程。中国证监会副主席方星海在 2018 年第十届陆家嘴论坛上表示："证监会会同有关部门及沪深交易所已经着手研究相关新的制度与工具安排，以便尽快将目前 A 股纳入 MSCI 的因子从 5% 提高到 15% 左右。"2018 年 6 月 12 日，外汇局宣布，完善合格境外机构投资者（QFII）和人民币合格境外机构投资者（RQFII）境内证券投资相关管理，进一步方便跨境证券投资。随着资本市场的加速开放，一方面，外资的净流入可以降低资金成本（Bekaert and Harvey，2000），促进企业的成长，增强开放国资本市场与世界其他资本市场之间的联动性，资本开放没有推升开放国市场的波动性（Bekaert、Harvey and Lundblad，2006），甚至在外资持续流入一段时间后，波动性显著下降（Kim and Singal，2000）；另一方面，1997 年的亚洲金融危机表明外资流入是不稳定的，流入和流出都是迅猛的，外资投资的股票比率与收益率波动性间成正相关（Bae、Chan and Ng，2004）。

本书使用等权重加权法计算得出，沪港通开通日及之后 9 个交易日，首批纳入的 569 只沪股通股票的平均波动率为 0.0235，较开通前 10 个交易日的平均波动率 0.0229 有小幅的上升。2015 年，这些沪股通股票的平均波动率为 0.0440，平均波动率比沪港通开通时上升了 87.23%，表明沪港通政策初期，沪股通股票的波动性有显著的上升。2017 年首批纳入沪股通股票的等权重平均波动率为 0.0185，较沪港通政策前和政策初期都有明显的下降，即随着外资对沪股通股票的逐渐买入，这些沪股通股票的波动率有显著的下降。那么是什么因素导致这些股票的波动率降低？我们以贵州茅台为例，2014 年 12 月 31 日，外资通过沪股通持有 3578 万股，2017 年 9 月 30 日，外资通过沪股通持有 7848 万股，在此期间的年报和季报中，外资持有贵州茅台的份额都在稳步提高，而贵州茅台的波动率在显著下降。

深港通启动前一年，格力电器日收益率的年波动率为 0.0354，而深港通启动后一年它的年波动率为 0.0324，其年波动率显著降低。取深股通交易股票和初期纳入 MSCI 交易的 234 只股票的交集，我们得到 71 只股票，这些股票在深港通政策前一年的平均波动率为 0.0418，在政策后一年的平均波动率为 0.0247，表明波动率的显著下降是一个群体现象。

资本市场开放的主要模式包括激进开放模式、渐进开放模式以及先慢后快的混合式开放模式。采用激进开放模式的典型代表有中国香港、墨西哥、阿根廷、泰国等。国外学者通过实证研究得出，境外的短期投资行为加剧这些国家或地区证券市场的风险。采用渐进开放模式的典型代表有日本、中国台湾等。采用先慢后快混合式开放模式的典型代表是韩国。在初期，韩国的开放是渐进的，类似于中国台湾，但后来又加快了开放步伐，采用了激进的模式。中国资本市场开放是循序渐进的，那么就有问题摆在我们面前：

（1）影响股票价格和波动性的因素很多，宏观经济、利率、汇率、货币政策、产业政策、财政政策、公司自身因素等都会对股票价格造成影响。在控制其他变量的情况下，沪港通、深港通政策效应是否存在？如果存在，沪股通、深股通资金的流入与相应股票的波动性关系是什么？

（2）外资在沪港通、深港通开放过程中流入是渐进的，那么外资在流入过程中对相应的股票价格造成动量效应还是反转效应？他们的投资策略对相应股票波动性的影响机制是什么？

（3）中国内地 A-H 股相对于香港 A-H 股存在溢价率，沪港通制度、深港通制度对溢价率如何影响？陆港通制度是否改变了两地投资者的投资动机？

（4）中国资本市场加速开放后，中国内地证券市场与香港证券市场的收益率将如何联动？中国内地证券市场与香港证券市场的波动性将如何联动？

这些问题将成为本书的研究重点和目的。

二、 研究意义

关于中国资本市场开放的研究文献很多，大多数从境外股东持股和 QFII

制度去研究我国股票价格和股票收益率风险之间的关系。外资投资 B 股市场和通过 QFII 制度进入中国市场都存在政策上的种种限制，占整个 A 股市场的份额很有限。沪港通、深港通制度在我国资本项目尚未完全实现可兑换情况下，开创了操作便利、风险可控的跨境证券投资新模式。目前还缺乏对陆港通政策的系统性研究。本书将从陆港通政策后资本市场的分层次效应，探究陆港通政策对相应 A 股和 H 股价格与波动率的影响，寻找 A 股和 H 股的相互影响机制。

（一）理论意义方面

首先，A 股的投资结构比较特别。截至 2017 年末，在沪深证券交易所所有证券中，A 股总市值为 56.64 万亿元，沪股通、深股通资金累计净流入4316.185 亿元，占 A 股总市值比例仅为 0.762%。这部分资金流入 A 股后，A股出现比较特别的股票价格分层次效应，即部分股票连续上涨，同时部分股票连续下跌的结构性变化。从公布的具体持股数据看，外资主要集中买入业绩特别优异的蓝筹股。本书从陆港通角度构建资金流向与股票价格之间的动态关系模型，从微观视角印证外资对 A 股价格的结构性影响，这对理解部分 A 股出现中期动量效应具有理论意义。

其次，近期关于沪港通的研究逐渐增多。沪港通已经运行六年，由于沪股通标的是特定的，还有很大一部分股票未被纳入沪股通标的，这就为自然实验提供了很好的实验组样本和对照组样本。现有的研究主要用事件法研究沪港通政策的价格效应，用 Garch、Arch、Tarch 模型研究波动性。我们使用一种特殊的反事实波动率模型，从一个特殊的视角更好地模拟出了反事实波动率，研究陆港通政策对 A 股的波动性影响。

（二）现实意义方面

第一，为中国资本市场的进一步开放提供理论建议和实证基础。相对于世界其他成熟市场而言，A 股制度还不完善。我国资本市场以散户为主，散户投资者容易受到情绪影响，对信息的掌握和处理也较为欠缺，股票交易上喜欢追涨杀跌,容易引起市场的暴涨暴跌。2015 年 6 月 12 日之后,A 股出现大幅度异常下跌的情况。2015 年 7 月 8 日,市场上共有 1438 家公司停牌,超过上市公司总数的一半,这不仅影响市场正常的信息传递功能,而且带来严重的流动性问题。基于上述原因,2018 年 6 月 1 日,MSCI 开始纳入部分 A 股后,MSCI 对 A 股政策最大的诉求是资金进出的便利性和流动性,未来纳入的比例不断提高需要这些制度的逐步完善。本书研究这些海外机构资金的加速流入对我国资本市场波动性的影响,为监管层制定和调整市场发展政策,制定有利于市场健康稳定发展的配套政策和进一步加快资本市场的开放奠定基础。同时,南美和东南亚的一些资本市场在开放的过程中,由于外资的快进快出,造成了市场剧烈的波动。我国现行制度下,陆股通资金对 A 股产生怎样的效应,效应产生的同时,监管层如何制定制度监管跨市场操纵行为?本书的研究对监管层制定适合市场的政策具有很强的现实意义。

第二,本研究进一步丰富了陆港通政策效应的相关文献。从研究对象看,国内大部分研究的样本局限于 A + H 股样本,时间跨度上也较短,有必要从更深层次样本和更长时间跨度来研究陆港通政策效应。从市场影响角度看,关于政策对中国内地 A 股影响的研究较多,而关于两地市场融合程度的研究较少,需进一步研究三个市场之间的溢出效应。截至 2018 年 12 月 31 日,沪港通政策已经运行四年半时间,深港通政策推出才两年时间,由于数据可得性和时间较短的问题,关于深港通的研究相对比较缺乏。

第三,香港联交所自 2017 年 3 月 17 日开始披露沪港通、深港通股票每日持股变化数据,这一具体数据能准确了解沪股通、深股通资金的持股情况,能更加准确地反映外资的持股效应和相关影响机制,对于深化研究沪股通、深股通资金的投资行为有重要意义。研究其投资行为,验证了做多陆股通重仓股,同时做空陆股通低持股股票,可以获得显著的正收益,为投资者提供一个较稳定的盈利策略。

第二节　研究思路与研究方法

一、研究思路

本书根据中国的实际情况，依据中国证券市场具体参与者的特点，研究陆股通股票价格形成机制；利用最新的陆股通每日持股数据，实证检验模型的可靠性和合理性；探索资本市场逐步开放过程中，沪港通、深港通政策对相关 A 股波动率的影响；探索陆港通制度对两地股票的相互影响，以及两地市场的风险联动情况。详细的研究思路见图 1.2。

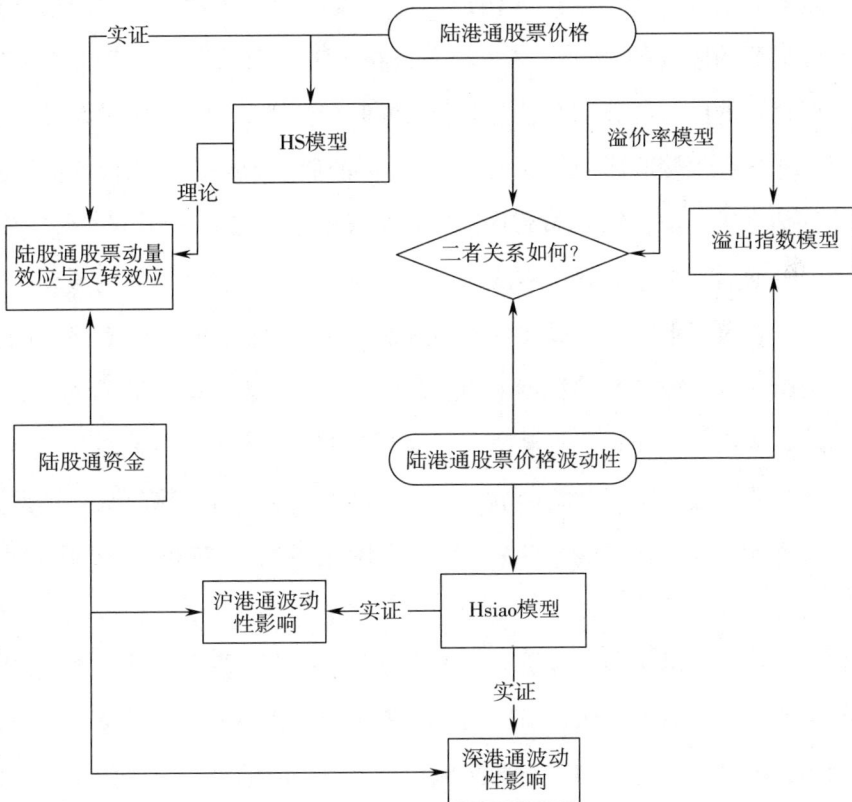

图 1.2　本书思路

　　首先，构建了适合中国股票市场的股票价格形成机制模型，解释了部分陆股通股票价格的持续上涨现象。用最新公布的陆股通每日持股数据实证检验了构建模型的合理性。同时进一步研究发现，陆股通持续买入是导致这部分股票上涨的原因之一。构建的多个策略得出，做多陆股通高持股股票，同时做空陆股通低持股股票，可以获得显著的正收益。进一步研究，以其中的三个策略为例，说明在控制 Fama – French（1993）三因子的情况下，可以获得显著的负收益，三因子模型不能完全解释这里存在的动量效应。

　　其次，选择模型来度量陆港通的政策风险，基于 Hsiao、Ching 和 Wan（2012）提出的面板数据反事实政策评估方法，研究陆港通制度的推出对中国 A 股波动率的影响。由于沪港通政策期间，A 股出现了异常波动，因此需要将样本时间划分为两段。笔者通过匹配样本构造出反事实波动率，发现在沪港通开通初期，沪股通标的股票的波动率显著变大，在沪港通政策运行一年九个月时间后，沪股通标的股票的波动率显著下降。同时，基于 2016 年 12 月 5 日至 2017 年 12 月 29 日进入深股通交易额前 10 名的标的股票数据，运用面板数据反事实政策评估方法，研究纳入 MSCI 指数对 A 股价格波动性的影响。研究发现，在深港通开通后，多数股票价格波动率显著降低，股票价格总体的波动率在深港通政策后显著降低，且深股通资金净额比率对股票价格波动性有显著的负效应，融资带来的负效应和融券带来的正效应进一步加强了深股通资金净额比率的负效应；大市值、净资产收益率高、净利润增长率高、可持续增长率高、当期涨幅小的股票受深港通政策影响较大，股价波动率下降幅度更大。因此，逐步开放资本市场有利于证券市场稳定，中国金融市场应该进一步扩大对外开放。

　　最后，从投资动机视角分析 A – H 股存在溢价率的原因，并考查陆港通制度对相关股票投资者的影响，不同的市场得出的结论不同。沪市 A – H 股以大盘股为主，沪港通开通有利于降低两地相应 A – H 股的溢价率；深市 A – H 股以小盘股为主，深港通开通反而加剧了投机动机，扩大了两地相应 A – H 股的溢价率。同时，沪港通制度改变了中国内地投资者的投资动机，在沪港通政策前，他们以投机动机进行交易，在沪港通政策后，他们以流动性动机进行交易。

以两地三个市场的股票指数的收益率和波动率构建溢出指数，由于静态的溢出指数无法呈现市场的动态过程，因此，在此基础上考虑建立时变的溢出指数，发现陆股通开通时，收益率和波动率溢出指数呈现上升，表明两地股票市场之间的融合程度在不断增强。由于在陆港通政策实施过程中，A 股经历了牛市和熊市，不同的市场情绪对市场的溢出效应影响较大，因此在分析时变参数的溢出效应时，需要将市场行情划分为牛市行情和熊市行情，考查不同市场行情下两地三个市场之间的相互影响。研究发现：当一个市场处于牛市行情中，三个市场收益率溢出指数减弱，市场波动率溢出指数先变大后变小；当其中一个市场处于熊市行情中，三个市场收益率溢出指数和波动率溢出指数都会变大。

二、 研究方法

（一）陆股通股票价格结构性变化研究

1. 以 Hong 和 Stein（1999）的模型为基础，构建以动量交易者、陆股通交易者、套利交易者、消息观察者为参与者的动态博弈模型，解释了贵州茅台、上海机场、美的集团等一批陆股通股票的价格演变过程。

2. 以 J - K 方法为基础，运用双排序方法和控制一个变量下的双排序方法（Bandarchuk 和 Hilscher，2013；Booth、Fung 和 Leung，2016；Hsien 和 Yu，2008），分析陆股通高持股股票的动量效应，由此实证陆股通资金是动量效应的来源。

（二）陆股通股票价格波动性研究

1. 以 Hsiao et al.（2012）的模型为基础，构建和计算沪港通、深港通机制下的反事实波动率。

2. 运用陈海强和范云菲（2015）对融资融券机制的实证方法，通过筛选得出实验组股票，计算其反事实波动率，对比在不同时间区间上的不同变化，考查沪港通、深港通政策对波动率的实际影响，同时对沪股通、深股通资金偏好投资的股票的波动率在政策前后的变化进行对比分析，进一步分析陆股通资金对波动率的效应。

（三）香港与内地股票价格与波动性关系研究

1. 以横截面数据为基础，探讨 A – H 股价格存在溢价率的原因和影响因素，使用 Fama – Macbeth（1973）方法进行截面数据回归，在得出影响因素的情况下，运用 Sun 和 Tong（2000）的模型进行面板数据分析。

2. 基于 Diebold 和 Yilmaz（2009）的溢出指数公式，先计算静态的收益率和波动率溢出指数，再针对不同的滚动窗口，计算时变的收益率和波动率溢出指数，分析香港和内地股票之间的动态融合过程。

第三节　创新与不足

一、创新

第一，与现有文献聚焦于沪港通视角不同，本书从沪港通和深港通两个角度，在资本市场稳步开放下，对外资机构资金对股票价格的定价和影响机制进行了合理探索，并发现中国资本市场出现了中期动量效应，这是以往研究没有发现的现象，同时增加了深港通方面的文献研究。

第二，现有文献研究陆股通资金对相关股票波动率的影响。一种研究途径是采用 Garch 模型考查波动率的变化，但 Garch 方法不能说明波动率变化的原因；另一种研究途径是双重差分法，双重差分法要求实验组与控制组股票具有同质性。本书采用了一种特殊的反事实面板数据评估方法，此评估方法在政策前的拟合是比较精确的，能有效地避免内生性问题，计算出陆股通资金对相关股票的反事实波动率，这在现有文献中是不多见的。

第三，首次使用一组特殊的数据实证陆股通资金的持股效应。2017 年 3 月 17 日，香港联交所开始公布陆股通每日持股数据。国内学者研究机构投资者的投资行为通常基于季度或年度数据，本书基于日、周、月度数据三个维度实证检验了陆股通资金的持股效应。

第四，分别分析了沪港通政策、深港通政策对两地上市 A－H 股溢价率的影响，得出了与现有研究不一样的结论，同时发现沪港通政策改变了内地投资者的投资动机，没有改变香港投资者的投资动机。构建了时变的市场收益率和波动率的溢出指数，有效地研究了两地市场间的融合过程。

二、 可能的不足

第一，本书第四章考查陆股通资金对波动率的影响，选择匹配组时，采用距离实验组股票 β 值最小的一组股票为控制组股票，各个控制组之间具有共线性问题，计算出来的反事实波动率有一定偏差。另外，影响波动率的因素是多方面的，本书控制了融资融券的效应和股指期货的效应，由于期货合约有到期时间，本书的股指期货变量用沪深 300 指数代替，会造成一定的偏差。

第二，在验证陆股通资金持股效应时，所选的数据时间段为 2017 年 3 月 17 日至 2018 年 6 月 15 日，样本区间偏短，可能导致结论具有特殊性。

第三，本书只研究了陆股通资金对内地股票价格和波动性的影响，与陆股通资金对应的是港股通资金，这两种资金的联系如何？港股通资金对港股的定价和波动率是否产生冲击？这些问题需要进一步研究。

第四，股票价格和波动率之间存在一定的相互作用，陆港通资金是通过何种理论机制影响股票价格和波动率？这个问题也需要进一步研究。

第二章
文献综述

随着沪港通、深港通的陆续开通，2018 年 6 月 1 日，MSCI 已经纳入首批中国 A 股，2018 年 9 月 27 日，富时罗素指数宣布将 A 股纳入指数体系。MSCI 和富时罗素指数的纳入方式都是基于陆股通交易机制，两大指数的纳入股票标的有所差异。关于沪港通和深港通的研究渐渐成为热点，本章将对涉及的领域和问题展开文献回顾。

第一节　中国资本市场开放历程及陆港通的研究综述

一、　陆港通制度前的资本市场发展历程

1991 年 11 月 30 日，上海真空电子器件股份有限公司发行了 1 亿美元的 B 股，中国资本市场开启了对外开放的历程。2001 年 12 月 11 日，我国正式加入世界贸易组织，承诺外资证券机构可从事 B 股交易，随着承诺条款的逐步兑现，金融开放还将持续深入发展（陈雨露、罗煜，2007）。A 股只能由国内投资者购买，B 股可以由外国投资者和国内投资者购买，由于 B 股的投资不受国界限制，理论上相对 A 股有一定的溢价，而实际的情形是 B 股相对于 A 股有很大的折价（Sun 和 Tong，2000）。B 股的流动性较差，为了补偿投资者的交易价差，B 股价格相对较低，而且除了 B 股之外，中国还有 H 股对外资完全

开放，H 股由于具备高流动性，会对 B 股产生极大的替代效应。再者，国内的投资者没有较多的投资渠道，投资 A 股具有极大的投机性，会导致过度乐观的投资预期，造成 A 股价格大幅偏离基本面的状态。

关于 A – B 股存在价差的解释有四种理论：（1）风险偏好理论。因为中国本地投资者投资的是 A 股，外国投资者投资的是 B 股，他们使用的货币也不一样，A 股以人民币进行交易，B 股以美元或港元进行交易，从而有不同的风险因素，无风险利率也不一样，所以风险溢价有所不同（Fernald 和 Rogers，2002；吴文锋、朱云、吴冲锋、芮明，2002）。（2）市场需求理论。由于对外部投资者的投资限制，本地投资者和外资投资者持有风险资产的成本不一样，从而本地投资者和外国投资者对股票的需求函数不一样（Stulz 和 Wasserfallen，1995；Sun 和 Tong，2000）。（3）信息不对称理论。本地投资者在语言上处于优势地位，对公司实地调研也较外国投资者方便，且国内会计制度与国际会计准则有较大差别。以房地产行业为例，国际会计准则按照销售量计算利润，而国内按照结算量计算利润，这就导致了国内投资者和国外投资者对股票价值的判断不同（Chakravarty、Sarkar 和 Wu，1998）。（4）流动性理论。Mei、Scheinkman 和 Xiong（2009）使用无价格变动日所占比例作为流动性的代理变量，得出 A 股交易者以投机动机进行交易而不是以流动性动机进行交易，而外国投资者对股票流动性要求比较高。如果缺乏流动性，他们的资金将没有办法自由流动，所以外国投资者偏好于投资流动性较好的大盘股。

1993 年 7 月 15 日，青岛啤酒在香港联交所上市，同年 8 月 27 日，青岛啤酒在上海证券交易所上市，成为中国内地首家在两地同时上市的公司。截至 2018 年 6 月 15 日，共有 101 家公司实现了 "A + H" 股交叉上市。公司为何选择跨境上市？基于公司外部因素的动因有四种理论假说：（1）市场分割假说。Stapleton 和 Subrahmanyam（1977）指出公司在国内外市场双重上市就是其中策略之一，因为双重上市可以在一定程度上消除市场间的障碍，从而降低公司的资本成本，增加公司的价值。（2）投资者认知假说。Merton（1987）认为投资者根据自己所掌握的信息投资不同的证券,他们通常投资自己熟悉的证券。在其他条件相同的情况下,如果某家公司能够被更多的投资者认识,会减少因"鲜为人知"而造成的"成本",从而降低投资者的预期收益,提高公司股票的市场价值,公司可以用境外上市来提高公司的知名度。Foerster 和 Karolyi(1999)改进了 Merton 的假说,他们认为,如果境外上市能带来更大范围的持股和更强的流动性,则可以为将要公开增发或重新上市的公司创造价值。(3)流动性假说。Amihud 和 Mendelsohn(1986)指出,流动性是证券定价的一个重要因素,流动性越好的证券,权益资本成本越低。跨境上市会使公司的信息披露机制更加健全,减少信息不对称带来的成本,能够增强股票的流动性。(4)融资约束假说。Lins、Stricland 和 Zennert(2005)认为新兴市场的公司通过双重上市,管理层可以在外部市场获得融资,减少国内资本市场融资约束的限制,把注意力集中于公司的治理,以使公司得到增长。

2002 年 11 月,中国证监会发布《合格境外机构投资者境内证券投资管理暂行方法》,自 2002 年 12 月 1 日开始实施,标志着 QFII 制度正式进入我国证券市场,我国资本市场的开放有了实质性的突破。2011 年 12 月 16 日,中国证监会、中国人民银行、国家外汇管理局联合发布《基金管理公司、证券公司人民币合格境外机构投资者境内证券投资试点办法》,允许符合条件的基金公司、证券公司香港子公司作为试点机构开展 RQFII 业务。该业务初期试点额度为 200 亿元,试点机构投资于股票及股票类基金的资金不超过募集规模的 20%。这些措施进一步扩大了资本市场开放的成果。

外资的引入对引入国的资本市场有三种效应:第一种是加剧市场的动荡。有部分学者认为外资投资者使股票价格过度反应,股票价格偏离基本面(Borensztein 和 Gelos,2003;Kaminsky、Lyons 和 Schmukler,2004;Chen、Wang 和 Lin,2008)。刘成彦、胡枫、王皓(2007)使用 LSV 方法研究 QFII 在中国股票市场的羊群效应,发现 QFII 有较强的羊群效应,在股改制度后更为显著,同时对小盘股的投资行为更具备羊群效应。程天笑、刘莉亚、关益众

（2014）通过比较 QFII 和国内机构投资者的 Sais 测度和 FHW 测度，发现 QFII 群体内的羊群行为远弱于国内的机构投资者，QFII 处于"从羊"的地位，QFII 的投资行为更大程度依赖国内机构投资者的买卖行为。第二种是外资投资者不会加剧市场的大幅波动。Choe、Kho 和 Stulz（2006）发现在亚洲金融危机前，外资投资者热衷于正反馈交易和羊群效应，而在危机时，外资投资者的正反馈交易和羊群效应都不明显。第三种是外资的引入有利于市场的稳定。Schuppli 和 Bohl（2009）认为 QFII 的实施能起到稳定中国股票市场的作用，虽然境内投资者追从趋势交易，但正反馈交易在资本市场开放前非常显著，在资本市场开放后则不再明显。

二、 陆港通的相关研究

（一）陆港通股票价格效应研究

沪港通开通时间较早，国内学者对沪港通的相关研究较多，其中 A－B 股、A－H 股通常是资本市场开放研究的热点。沪港通对小规模上市公司或者创业板公司的股票价格影响更为显著；沪港通对不同市盈率公司的股票价格影响不显著；沪港通对 B 股市场的上市公司的股价影响较为微弱（吕江林、王雯雯，2016）。李媛（2017）使用事件分析法研究了沪港通对 A－H 股价格的影响。沪港通正式批复这一事件，确实对 A 股和 H 股股票的平均异常收益率产生了重要影响，两地市场都产生了显著的正向异常收益率，两地投资者的异质信念存在较大的差异，A－H 股价格差呈现扩大的趋势。孙寅浩和黄文凡（2015）进一步分析，由于沪港通机制设计上缺乏"双向可转换机制"，两个市场的股票不能实施跨市价差套利，从而 A－H 公司的股价并没有出现显著的收敛。林祥友等（2017）通过分析沪港通实施前后 A－H 双重上市板块在沪港证券市场、深港证券市场之间的动态竞争关系的变化，得出在沪港通实施前，沪港股票市场、深港股票市场之间均表现为捕食与诱饵关系；在沪港通实施后，沪港股票市场、深港股票市场之间均表现为互惠共存关系。闫红蕾、赵胜明（2016）构造了 A－H 股的套利策略，并实证得出此策略能获得显著的正收益，提出通过套利交易实现市场的一体化。自 2014 年 7 月开始，中国股票市场开始一轮上涨，跟以往不同的是，当沪港通开通交易时，大盘蓝筹股价格大幅上涨，而散户热衷的小盘股价格仅小幅上涨甚至出现下跌的现象。顾海峰、张芮（2017）针对 A 股在沪港通开通后股票未出现同涨同跌的现象，构建了股价遵循 S 曲线的模型，解释了沪港通实施时期股价的分层次效应，而随着时间的推移，这种分层次效应会慢慢被稀释。长期以来，中国资本市场出现劣质股票驱逐优质股票的现象，没有业绩的公司凭借并购可以获得很高的溢价，而业绩优良、增长平稳的蓝筹股长期处于价值低估的状态，市场的有效性在沪港通开通后得到很大的提升（刘荣茂和刘恒昕，2015）。沪港通同时有效提高了市场的信息含量，能使公司的信息迅速融入股价，从而提高资本市场的配置效率（钟覃琳和陆正飞，2018；董秀良、张婷、关云鹏，2018）。徐晓光、余博文和郑尊信（2015）发现沪港通政策实施后，两地股票市场的融合程度在增强，香港股市与内地股市同步上涨的概率大于同步下跌的概率，意味着沪港通制度实施后，香港股市不但与国际市场有密切的联系，与内地市场的联系也在不断增强。何雨轩、谷兴、陈邵刚（2015）发现沪港通运行一段时间后，用模型预测出的上证指数值始终小于真实值，表明沪港通的实施对整个股票市场具有显著的正向效应。

（二）陆港通股票价格波动性研究

沪港通和深港通开通运行以来，外资借助沪港通和深港通进入中国市场的份额越来越大，新制度引入的新资金不但会引起相关股票价格的变化，也会引起相关股票波动率的变化。一国资本市场的开放往往会伴随着制度环境、宏观经济和监管政策的变化。Mitton（2006）认为这些事件是并行发生的，如果单独考虑资本开放带来的影响会出现偏差，于是部分文献采用了跨国的截面数据进行实证。沪港通机制的另一方是香港证券市场，其市场机制成熟，投资者结构合理，机构投资者占大多数，内地市场按实际交易量算，仍然以散户投资者为主，因此，对比香港市场和内地市场的波动性具有较强的现实意义。杨瑞杰、张向丽（2015）研究发现，沪港通制度实施前，只存在香港股票市场的整体波动、连续波动、跳跃波动对内地股票市场连续波动的单向溢出效应；沪港通制度实施后，内地股票市场和香港股票市场则存在双向的连续波动溢出效应。我国的证券投资者容易受情绪的影响，很容易出现反应不足或者反应过度，投资策略上容易出现快进快出的频繁交易情况，从而引起股票价格的大幅度波动。中国证监会将证券市场的平稳健康发展作为重要目标之一，大力开放资本市场，引进国外投资者能不能带来市场的平稳运行就很值得研究。沪港通开通后，上海市场和香港市场抗击随意攻击的能力都得到加强，两地股市渐渐融合，稳定性得到一定程度的提高（刘海飞、柏巍、李冬昕、许金涛，2018）。

目前关于陆港通对中国证券市场的波动性影响的观点有三种：第一种观点认为陆港通政策的实施能够带来市场的平稳运行，能够有效降低市场的波动率，同时相关股票的换手率也出现大幅度的下降（李江平，2018）。崩盘是股票市场最剧烈的波动方式，沪港通可以改善信息环境、改善股票的流动性，从而降低了相关股票的崩盘风险（郭阳生、沈烈、汪平平，2018）。第二种观点认为陆股通资金在运行初期会选择正反馈交易策略，从而在运行初期会加剧市场的波动性，而在运行一段时间后，陆港通政策能够降低市场的波动性（许从宝、刘晓星和石广平，2016）。潘海英、周婷、范小艳（2017）选取国际油价、汇率及 A 股和 H 股两个市场的航空业指数等指标，运用 VEC 模型分析沪港通开通前后国际油价、汇率对 A 股和 H 股航空业指数的影响。结果表明，从短期来看，沪港通政策实施后，国际油价、汇率波动对两市航空业指数的影响大于政策实施前；从长期来看，沪港通政策实施前和实施后，国际油价、汇率波动与 A 股和 H 股的航空业指数之间都存在反向稳定均衡的关系。第三种观点认为陆港通政策不但加剧了内地股票市场的波动性，也加剧了香港股票市场的波动性（邹新阳和邓瑶，2018）。

陆港通制度属于双边资金双向流通制度。在沪港通开通前，香港股票市场虽然以内地上市公司居多，但两地资本市场之间的联动性较差。一种观点认为沪港通制度促进了内地和香港股票市场的进一步融合。香港市场不但与美国等成熟市场存在长期联动性，也与内地股票市场存在长期联动性，但内地市场与美国股票市场不存在长期联动性，沪港通政策实施后，香港与内地市场的短期联动性也在加强（蔡彤彤、王世文，2015）。冯永琦、段晓航（2016）则发现沪港通政策实施后，上海股市对香港股市的波动溢出效应明显增强。另一种观点认为，沪港通制度没有促进两地股票市场的融合，引起两个不同地域的股市相依性出现大幅变化的原因主要有各类金融危机和经济危机的波及、市场本身的体制和机制变化、市场所代表的实体经济之间的联系和其他相关的金融制度变革等（方艳、贺学会、刘凌、曹亚晖，2016）。

三、 对现有相关研究的总结与评价

沪港通开通初期，中国 A 股市场正迎来一轮牛市。中国证券市场的特点是散户较多，根据上海证券交易所发布的《上海证券交易所统计年鉴（2015卷）》，散户投资者持股市值占比为 23.51%，而成交量的占比为 85.19%，散户投资者的交易会对股票价格形成机制造成影响。沪港通政策实施前，证监会将融资融券的开户条件调整为证券公司自主决定，沪港通政策实施后股票市场出现了一轮急速的上涨现象，那么是沪港通开通引起股市的大幅上涨，还是其他政策因素引起股市的大幅上涨？这个问题值得进一步探讨。香港市场由于机构投资者较多，上涨速度较慢，导致 A－H 股价格呈现发散状态（孙寅浩、黄文凡，2015）。如果不研究引起市场出现上涨的因素，而仅仅考虑 A－H 股的价差，很难说明沪港通的真实效应，而且从实际资金流动情况来看，截至2015 年 6 月 12 日，沪股通资金累计净流入额度为 1144.08 亿元。2016 年末，中国结算登记存管的沪深证券交易所的股票总市值为 59.09 万亿元，沪股通资金占比仅为 0.19%，且沪股通资金不能参与融资融券交易，所以很难说明如

此额度的资金能对股票价格形成巨大的影响。之所以会得出 A－H 股价差扩大、市场稳定性得到提高、A 股的定价效率得到提高等结论，市场上可能还存在其余的宏观因素或制度因素的变更。2014 年 11 月 22 日，中国人民银行决定下调金融机构人民币贷款和存款基准利率，这一决定发生在沪港通政策实施后。以上很多文献没有控制这些宏观因素的影响，仅仅使用模型验证 A－H 股之间的变化，得出的结论很难说明价格波动是沪港通政策引起的。本书认为考查沪港通或深港通的政策效应，需要考虑相应的代理指标，此指标能够反映陆股通资金的政策效应，且能直接说明需要解释的问题。

对于波动率的研究，主要有三类模型。第一类是以 Garch 为基础探索波动率变化的模型，这类模型能够精确地判断出政策前后相关研究标的的波动性是否发生变化，但不能给出引起波动性变化的具体原因。如果仅仅对沪港通政策前后的波动性进行研究，难以说明沪港通是导致波动性变化的唯一原因。第二类是以 Copula 模型为基础，研究两个市场或三个市场之间的溢出效应。现有文献主要通过上证指数与香港恒生指数来考查溢出效应（冯永琦、段晓航，2016）。沪股通股票和港股通股票没有相应的指数，它们只是上证指数或香港恒生指数的一部分标的，计算溢出效应时存在一定的误差，同时，两个市场的融合程度变强也可能是其他宏观因素引起的。中国资本市场的开放伴随着汇率制度的改革，2015 年 11 月 30 日，国际货币基金组织执行董事会决定将人民币纳入特别提款权篮子，这一事件是在沪港通开通之后，汇率因素是否影响股票定价也有待进一步研究。第三类用倾向性匹配方法建立匹配组，用双重差分法研究沪股通股票与匹配组股票之间的差异（许从宝等，2016）。双重差分法要求实验组和控制组具有同质性。本书研究发现，沪股通持股标的股票大多是融资融券股票，而匹配的股票通常不是融资融券股票，用双重差分法会产生一定的误差。本书认为，为了精确地考虑陆股通资金对波动性的影响，第一需要能区分内生性问题的模型，第二需要控制外界宏观因素和制度的影响，第三需要能构造陆股通资金的波动性效应指标。

第二节 股票价格动量效应与反转效应的文献综述

自 Jegadeesh and Titman（1993）研究动量效应以来，关于股票出现动量效应和反转效应的理论及实证的研究有很多，本节将进行介绍。

一、理性风险补偿理论

关于交易策略的研究主要基于反转交易策略和动量交易策略。反转交易策略依赖股票价格的反转，动量交易策略基于股票价格趋势的延续。第一种观点认为，根据股票过去的价格来获取的利润包含两个部分：一部分源于股票收益率时间序列的可预测性，另一部分源于股票收益率与组合的平均收益率的截面偏离（Conrad and Kaul，1998）。第二种观点认为公司的商业周期可以解释动量效应（Berk、Green and Naik，1999）。在指定的时期内，公司资产的构成与系统风险之间是稳定的，预期收益与其滞后项之间是正相关的，从而产生动量效应。第三种观点认为动量效应来源于行业效应（Moskowitz and Grinblatt，1999）。在控制行业动量的情况下，做多赢家组合同时做空输家组合的策略将不再存在显著的利润；相反，做多行业赢家组合，同时做空行业输家组合将获得显著的利润。在控制市值、账面市值比、个股的动量效应、横截面组合平均值的偏离度、潜在的微观因素等变量时结果仍然显著。

二、行为金融学理论

Barberis、Shleifer 和 Vishny（1998）利用心理学的保守性偏差理论，认为投资者在面对新信息时缓慢改变他们原来的信念。当公司公布一个好消息时，股票平均收益要高于公布一个坏消息时的股票平均收益，投资者反应不足；当公司公布一系列好消息时，股票平均收益小于公布一系列坏消息时的股票平均收益，投资者反应过度，股票价格会形成反转。Daniel、Hirshleifer 和 Subrahmanyam（1998）基于过度自信和自我归因偏差，指出当公众信息与投资者信息吻合时，投资者更加自信，当公众信息与个人信息矛盾时，投资者仍然坚持原来的看法，投资者对于个人信息过度自信，对于公众信息反应不足。Hong和Stein（1999）则基于投资者的异质性信念，将投资者分为信息观察者和动量交易者。信息观察者根据他们关于公司的私有信息进行交易，动量交易者根据股票过去的价格变化进行交易，随着个人信息的缓慢扩散，股票价格短期上涨，动量交易者据此进行套利，形成短期的过度反应和长期的反转效应。Delong、Shleifer、Summers 和 Waldmann（1990）建立了噪音交易者的模型。模型揭示了一部分投资者（即噪声交易者）具有信息质量问题，他们对风险资产的基本面存在一定程度的认识偏差，与理性的交易者相比，他们会产生过度或者不足的需求量，从而对风险资产的价格产生影响。正反馈交易通常是噪音交易者采用的手段之一，使得股票价格大幅偏离基本价值，这会使理性的套利交易者进行套利交易时面临极大的风险，限制了他们进行套利交易的积极性，从而引起股票价格的连续上升。

三、 国内外研究现状

动量效应和反转效应的起因是什么？国内研究主要集中于用有效市场理论的三因子或四因子模型解释收益，较少文献从行为金融学的角度解释投资者的投资动机。田利辉、王冠英和谭德凯（2014）以及 Novy – Marx（2012）以短期反转因子为定价因素，构建了新的四因素模型。鲁臻和邹恒甫（2007）在 Hong 和 Stein（1999）模型的基础上，引入公司信息和政策信息变量来分析投资者行为。他们发现小公司股票相对于大公司股票，惯性趋势弱，更容易发生反转；成交量大的股票相对于成交量小的股票，惯性趋势弱，更容易发生反转。何诚颖、陈锐、蓝海平和徐向阳（2014）在 Daniel et al.（1998）模型基础上，刻画了我国股市投资者非持续性过度自信的行为特征，认为投资者在公开信息与自己的判断出现偏离时，对之前信息的判断转变为过度保守，而不是原模型的维持原来信念不变。由于中国股票市场的投资者情绪变化无常，乐观悲观情绪交叠出现，因此这一观点更加符合中国股票市场的特点。彭叠峰、饶育蕾和雷湘媛（2015）基于新兴市场的特点，引入流行病传播模型，从投资者注意力角度，理论上分析了股市的动量和反转现象。投资者的有限关注导致价格在短期内反应不足，引起收益率出现动量现象，而关注型的投资者通过人际互动与社会传染，诱导无经验的投资者参与市场，推动了价格的反转。张荣武、何丽娟和聂慧丽（2013）从理论上引入套利惯性交易者，研究了动量效应和反转效应形成的过程和机制。翟爱梅和罗伟卿（2013）则从物理学的特殊视角出发，用物理学中塑性和弹性来分析股价的动量和反转现象。

Lee 和 Swaminathan（2000）研究发现，低成交量赢家组合表现出很强的动量效应，而低成交量输家组合没有动量效应，这一发现与 Hong 和 Stein（1999）的模型是不吻合的，前者发现高成交量输家组合表现出很强的动量效应，而高成交量赢家组合则没有，这又与 Daniel et al.（1998）的模型不同。根据成交量高低和赢家输家之间的不同组合，股价的动量效应会出现不同的结果，这种非对称的动量效应结果源于股票价格最初反应不足，最终反应过度。他们认为在探索股票价格中期反应不足和长期反应过度时，成交量是一个极其重要的因素。许多学者对理性行为和公司特征进行研究，发现投资者的理性行为和公司特征不能解释动量效应的来源（Bandarchuk 和 Hilscher，2013），交易费用同样不能说明这种现象的存在（Korajczyk 和 Sadka，2004）。动量利润可能源于对信息滞后的过度反应，Bandarchuk 和 Hilscher（2013）认为动量效应主要与股票过去的极端收益率有关，在控制过去的极端收益率后，市值、R^2、成交量、年限、分析师覆盖率、市值账面比、价格、流动性、信用评级等因素都会失去影响作用。

股票市场经常会出现强者恒强的异象，那些呈现动量效应的股票是否永远表现出动量效应？Conrad 和 Yavuz（2017）认为那些具有动量效应的组合不会在随后表现出反转效应，那些没有表现出动量效应的股票通常会表现出反转效应。

Booth、Fung 和 Leung（2016）使用双排序方法进行研究，得出股票价格的动量效应和反转效应主要与股票市值有关。使用不同期限数据和不同的排序方法都能得到相同的结果，小市值公司比大市值公司有更大的正收益（Banz，1981）。此外，机构投资者主要交易大市值公司，从侧面印证了机构投资者不从事动量交易，表现出更强的投资理性。Hsien 和 Yu（2008）也使用双排序方法，在控制成交量的情况下，高机构持股股票仍然表现出强动量效应，而在控制机构持股的时候，高成交量股票则不再具有动量效应，进而表明动量效应不是源于股票成交量，而是源于机构投资者的交易。

四、 对现有相关研究的总结与评价

由于沪港通的开通时间较早，深港通的开通时间不长，现有研究主要集中于沪港通的研究，现有文献很少涉及深港通的研究，也较少使用关于沪股通资金和深股通资金的独特持股数据，较少直接建立指标考查陆股通资金的政策效应。中国股票市场的创建时间较晚，现有的研究针对不同的样本和时间，得出的结论不尽相同。刘博与皮天雷（2007）基于 1994 年至 1995 年全样本数据，许年行、洪涛、吴世农和徐信忠（2011）收集 1994 年至 2004 年月度数据，得出中国 A 股市场基本不存在惯性现象，存在显著的反转现象。鲁臻和邹恒甫（2007）利用 1998 年到 2005 年月度数据，潘莉和徐建国（2011）选取 1995 年到 2008 年的日、周、月、年度数据，田利辉、王冠英、谭德凯（2014）选取 1992 年至 2012 年日、周、月度数据，发现 A 股存在显著的惯性现象，但惯性策略占比较少，大多数情况下呈现反转效应。样本时间长度的不同和数据处理方法的不同会导致不同的结论，但总体上的结果都以反转现象为主。A 股的投资者结构比较特殊，散户在实际交易中占比较大，投资股票过于情绪化，对盈余容易反应不足，对利好容易反应过度，且所用的数据离中国股票市场的建立不足 10 年时间，反应过度现象更加突出，这也是导致大多数结果出现反转现象的原因。

在排序方法上，以上研究都是使用 Jegadeesh 和 Titman（1993）的排序方法，只有个别研究涉及成交量对排序结果的影响（潘莉和徐建国，2011）。对于动量效应和反转效应存在的原因，构建特殊的模型进行说明的较多（何诚颖等，2014；彭叠峰等，2015；张荣武等，2013），很少从实证的角度说明是什么因素导致了动量效应和反转效应。陆港通制度作为资本市场开放的一种重要路径，在我国原有投资者的基础上增添了一类新的投资者类型，有关陆股通投资者与其他投资者交互影响机制，以及如何对动量效应进行解释的实证研究还比较缺乏。MSCI 于 2019 年 11 月 8 日公布将纳入 A 股的因子从 15% 提升到 20%，富时罗素指数 2020 年 6 月 20 日也将纳入 A 股的因子从 17.5% 提升到 25%，新增类型的陆股通投资者将扮演越来越重要的角色和地位。

第三节　政策效应与溢出效应文献研究

首先，融资融券制度与陆港通制度有很强的相似性，都是采用部分股票纳入、其余股票不纳入的方式，对纳入股票的要求也比较类似，这就为自然实验过程中控制组的选取创造了条件。其次，根据现有的研究结果，融资融券和陆港通的政策效应也是相似的，比如对波动性的影响结果，造成的政策效应都是分为三类：一是造成波动性减小、二是使得波动性变大、三是政策效应不显著。最后，现有的研究陆港通政策效应的方法大都借鉴融资融券的研究方法，在研究方法上也存在很多类似之处。

本节梳理融资融券政策对股票价格和波动性影响的相关文献。同时，由于陆港通制度实施后，上海市场、深圳市场、香港市场之间的联动性越来越强，本节将介绍溢出效应的相关研究。

一、融资融券政策对股票价格和波动率的影响研究

关于融资融券的价格效应，第一种观点是融券受到限制会导致资产价格定

价过高。Miller（1977）认为，风险资产的需求和供给均衡反映了异质性投资者对资产价值的平均判断，对资产的未来价格持悲观看法的投资者会选择做空股票，而做空受到限制会影响股票的供给，资产价格会在更高的价格上达到均衡。Chang、Cheng 和 Yu（2007）检验了香港联交所修订做空名单的政策效应，发现在做空清单里的股票表现出异常的负收益，而在做空清单之外的股票则有异常的正收益，表明限制做空导致了价格的过度反应。Beber 和 Pagano（2013）研究了美国之外的市场，通过比较限制做空前后股票的累计收益率，发现限制做空的股票在之后 30 天内呈现显著的正收益，这种效应仅仅存在于短期情况下，卖空限制会损害市场信息的传播效率和传播质量。Battalio 和 Schultz（2013）对 2008 年 9 月美国股票市场的卖空禁令进行分析，通过期权合成的股票价格要低于实际股票价格，做空禁令导致相应期权套利成本的增加，股票价格被高估。李科、徐龙炳、朱伟骅（2014）利用白酒行业的塑化剂事件，研究了卖空限制对股票价格错误定价的影响，发现卖空限制导致不能做空的股票价格被严重高估，做空能够融资融券的酒类股票，同时做多不能融资融券的酒类股票，此策略能够获得显著的正收益。

第二种观点是做空限制并没有导致错误定价，甚至低估了股票的价格。Diamond 和 Verrecchia（1987）认为市场的参与者都已经知悉这个信息，虽然卖空限制制止了部分投资者想要的卖空行为，但是由于市场做市者完全理性且风险偏好中性，他们会顾及做空限制的存在，会设置合理的买卖价差。Bai、Chang 和 Wang（2006）发现理性投资者会对感知到的风险要求风险补偿，这会使股票价格变低，从而导致股票价格定价过低。Saffi 和 Sigurdsson（2011）利用 2005 年至 2008 年 26 个国家和地区的数据进行实证，发现做空限制越高的股票信息传递越不通畅，做空机制并不会带来股票价格的不稳定，股价也不会出现显著的异常负收益。

以上研究主要为静态的模型，并且假定投资者是理性投资者，理性投资者需要知晓准确的法律法规和精确的经济学运行规律，然而近期出现的投机泡沫和崩盘、收益率的厚尾分布、过度波动、股价长记忆性等实证现象很难用完全理性投资者模型进行解释。相反,行为金融学的模型更加适合解释卖空限制下的市场现象,异质性投资者模型认为交易者会使用过去成功的交易模式。Anufriev 和 Tuinstra(2013)发现做空有成本时,资产价格对信息的调整速度较慢,理性均衡预期的稳定属性并没有改变,但是当资产过度定价时,做空成本的上升会加大错误定价和股票价格的波动。

关于融资融券的波动性效应,第一种观点认为融资融券会引起市场的剧烈波动。Henry 和 Mckenzie(2006)以中国香港市场为研究对象,发现成交量与波动率之间的关系是非线性的。在做空交易实施后,香港市场呈现巨大的波动性,有利的金融创新使收益率急剧变大,不利的金融创新使收益率急剧变小。Allen 和 Gale(1991)指出,潜在的金融创新使做空成为经济运行的不稳定剂,一些大型金融市场的创新使做空成为可能,这些市场表现出更高的负偏度。Bernardo 和 Welch(2004)认为投资者害怕危机的程度是导致危机的主要原因,做空限制能够阻碍投资者的恐慌行为,从而阻止危机行为的发生。

第二种观点认为融资融券会起到稳定市场的作用。Diamond 和 Verrecchia(1987)发现做空限制会影响股价对个人信息的调整速度,做空限制是引起市场泡沫和过度波动的直接原因(Abreu and Brunnermeier,2003)。Hong 和 Stein(2003)构建了卖空限制与市场崩盘之间的模型,如果部分投资者做空受到限制,他们累积的未被市场发掘的负面信息直到市场下跌时才会被放大,这会加剧市场的下跌,从而引致崩盘。Boehmer、Jones 和 Zhang(2013)通过研究2008年美国证监会的卖空禁令,发现卖空禁令会影响77%的大公司股票,这些股票出现了严重的下跌现象,而那些未受卖空禁令限制的小公司股票则不受影响,卖空限制加剧了市场的波动。廖士辉和杨朝军(2005)研究发现,卖空交易并未加剧市场的波动,反而能起到抑制市场过度波动的作用。在股票价格大幅上涨的时候卖空股票,可以增加股票的供给量,在一定程度上减少了市场对这些股票的需求量,抑制了股票价格泡沫的产生和发展。相反,在股票价格出现大幅下跌的时候，市场的交易非常低迷，那些卖空交易者需要在股票市场上买入股票去偿还融券，这种买入行为会带动其他交易者的入场，在一定程度上缓解股票供应量大于需求量的情况，抑制股票价格的非理性下跌。李志生、杜爽和林秉旋（2015）指出，融资融券交易的推出能够有效地提高我国股票的稳定性，通过对比非融资融券标的股票，发现融资融券股票的波动率和振幅都出现了明显的下降。同时，融资融券交易还能够降低股票价格的跳跃风险，有利于防止股票价格的暴涨和暴跌，能够增进市场信息的有效传递，增加上市公司的信息透明度。陈海强和范云菲（2015）通过一种特殊的政策效应处理方法，构建了反事实波动率模型，通过对比融资融券股票的反事实波动率与真实波动率，发现在控制股指期货的情况下，融资交易仍然能够降低股票的波动率，而融券交易会增加股票的波动率。由于融券交易的规模很小，融资融券交易对波动率的总体影响为负效应。

第三种观点认为做空交易与价格波动性之间的关系不显著。Battalio 和 Schultz（2006）研究了 1999 年至 2000 年互联网泡沫时期期权的日内交易数据，普通公众可以方便地使用期权进行做空，但没有证据显示做空限制影响了互联网股票的价格。王旻、廖士光和吴淑琨（2008）利用中国台湾市场的研究数据，发现融资交易有利于市场流动性的改善，融券交易则对市场的流动性没有影响。台湾证券市场实施融资融券机制后，融资融券交易并未加剧台湾证券市场的整体波动性，原因在于实施融资融券时，监管层实施了严厉的监管，从而不会对市场的整体波动性产生显著的影响。

二、　溢出效应国内外研究现状

对于金融市场之间的相互影响的研究是金融学的一个热点问题，早期的研究聚焦于金融市场收益率之间的一阶矩关系。Ghosh（1992）使用误差修正模型研究了标普 500 指数和美国商品研究局指数，发现现货与期货之间存在协整关系，误差修正机制使短期的不均衡在下一期得到均衡，标普 500 期货价格引领现货价格，美国商品研究局指数的现货价格引领期货价格。Kao、Ho 和 Fung（2015）使用 VAR 模型研究日经 225 指数和美国标普 500 指数，发现日经 225 期货价格主要受交易地点信息的影响，而不是来自国内市场信息的影响，支持了交易地点偏见假说。Singh、Kumar 和 Pandey（2010）运用 VAR 和 AR 模型计算收益率溢出指数，运用 AR－Garch 模型计算波动率溢出指数，得出市场的一个指数最容易受到那些在此指数之前开通或关闭交易的指数的影响。邓燊和杨朝军（2007）利用协整分析和格兰杰因果检验方法，分析了汇率改革后中国股市与汇市之间的关系，发现中国股市与中国汇市存在长期的协整关系。王一萱和屈文洲（2005）探索发现货币市场与资本市场之间不存在紧密的连通关系，一个市场上资金的流动和价格的变化无法对另外一个市场产生影响，两个不同的债券市场的利率期限结构割裂，资本市场的子市场之间也是相互分割的。李媛（2016）使用误差修正模型研究了沪港通制度对 A－H 股票价格和联动性的影响，由于 A 股的收益率受到香港证券市场和内地证券市场的共同影响，H 股的收益率更多地受到香港市场的影响，在沪港通开通一年前后，A 股和 H 股的价格走势不存在长期的均衡关系。

由于市场上参与者的异质性和宏观政策的多变性（Baker、Bloom and Davis，2016；Wang、Chen and Huang，2014），各金融市场之间的动态关系不再表现为简单的线性关系。Jondeau 和 Rockinger（2006）使用动态 Copula 模型考察了欧洲股票市场相依性的时变特征，发现欧盟股票市场的相依性在向同一个方向运行时显著变强，比较欧洲股市与美国股市的相依性，欧洲股票之间相依性更强、时变性更好。Johansson（2009）运用动态 Copula 方法研究中国股市与国际股市之间的融合程度，发现中国股市与国际股市之间不是绝缘的，在过去十年之间，中国股票市场与国际大型股票市场的融合程度在不断上升，在金融危机发生期间，它们之间的融合程度也在加强。Hsu、Tseng 和 Wang（2008）使用基于 Garch 的 Copula 模型研究股票现货与期货之间的套期保值，发现不管是样本内还是样本外，不管是直接套利还是交叉套利，Garch－Copula 模型都优于其他几个套期保值模型。吴吉林和操君（2011）使用 Copula 方法构建股市间整体运行指标，发现 A 股与 B 股的整合程度较高，亚洲金融危机和 2001 年 B 股对境内投资者开放加深了两个市场的整合程度，A 股、B 股与 H 股的整合程度较低，股权分置改革和 QDII 的实施有利于三个市场的融合。刘晓星、段斌、谢福座（2011）构建了 EVT - Copula - CoVAR 模型，研究发现美国股票市场对法国、中国香港、英国、日本和中国内地股票市场均存在显著的溢出效应，其中对中国内地股票市场的溢出效应最弱。Copula 模型除了用于研究股票市场之间的溢出效应外，还有很多学者运用 Copula 模型研究了股票与汇率、原油价格之间的溢出效应（Lin，2012；Ning，2010；Reboredo，2016）。

近期许多学者开始建立时变系数的模型来解释市场之间的联动性（Giraitis、Kapetanios and Yates，2014；Huang，2012；Karanasos、Paraskevopoulos、Ali、Karoglou and Yfanti，2014）。Diebold 和 Yilmaz（2009）构建了资产收益率和波动率相依性的溢出指数模型，计算了特定时间上的溢出指数，发现收益率溢出指数表现出轻微的上涨趋势，但没有出现跳跃，而波动率溢出指数没有表现出趋势，但出现了跳跃。由于溢出指数模型依赖变量的次序，为了使模型不再依赖变量之间的次序，Diebold 和 Yilmaz（2012，2014）以向量自回归模型为基本框架，构建了有方向指向的波动率溢出指数模型，同时研究了美国股票、债券、外汇、大宗商品市场的波动率溢出效应，发现四个市场的波动性都很大，但直到 2008 年雷曼兄弟破产后，相互之间的溢出效应才体现出来，股票市场对其他几个市场产生了巨大的溢出效应。Yarovaya、Brzeszczynski 和 Lau（2016）通过研究 10 个发达市场、11 个新兴市场国内和国际信息的传播，发现市场受到国内和地区之间波动的冲击要大于国际间波动的影响，期货市场的信息传播渠道比现货市场更有效。赵华和麻露（2016）用向量自回归模型计算了溢出指数，对中国债券市场、外汇市场、货币市场、股票市场的总溢出指数和净溢出指数进行计算，并计算了配对样本间的溢出效应，结果发现中国股票市场的溢出效应具有时变的特征，净波动溢出效应会随着市场冲击的变化而表现出正的净溢出和负的净溢出。

虽然滚动窗口 VAR 方法可以计算时变的波动溢出指数，但这种方法依赖于窗口期长度的选择。窗口期时间如果过短，容易使异常值和跳跃值较多，从而导致估计结果不准确；窗口期如果过长，会使样本的估计结果比较平滑，无法捕捉到异常值的变化。同时在计算溢出指数时，会损失窗口期长度的样本，对计算结果会产生一定程度的误差。Primiceri（2005）将马尔科夫链与蒙特卡罗方法应用于时变结构的 VAR 模型的估计，实证发现美国系统性和非系统性的货币政策在过去的 40 年间发生了改变，利率、通货膨胀率、失业率展现出更强的系统性反应趋势，在解释美国高通货膨胀和失业事件时，外生的非政策性的冲击比利率政策更有效。Nakajima（2011）将 TVP – VAR 模型与随机性波动相结合，使用马尔科夫链与蒙特卡罗方法估计波动率，发现日本的宏观经济变量间存在显著的结构性变化。郑挺国和刘堂勇（2018）使用 TVP – VAR 模型计算波动率溢出指数，对国际上 8 个主要股市的时变溢出指数进行了计算，结果发现国际上主要股市在震荡时期的波动溢出效应呈上升趋势，且都与美国的货币政策的不确定性有关。

三、 对现有相关研究的总结与评价

融资融券制度与陆港通制度的共同点是资金的额度都有限制，纳入标的有流通市值的要求，未被纳入的标的都是小盘股票。国内针对陆港通制度的研究方法，很多借鉴了融资融券制度的研究方法。比如双重差分法可以用来研究融资融券制度的政策效应，也可以用来研究沪港通制度的政策效应。面板数据反事实波动率政策评估模型可以用来研究融资融券对波动率的影响，同样也可以探索陆港通制度对标的股票波动率的影响，但由于陆股通标的物与融资融券标的物部分重合，需要控制融资融券的政策效应。研究制度对公司治理和外部影响方面，融资融券制度会对盈余效应、公司信息披露质量的改善、周末效应等

方面产生影响，目前已经有学者对陆港通制度在这些方面的影响作出了具体的研究。

2018 年，中国股票市场的沪深 300 指数下跌了 25%，从而使中国股票的性价比较高。外资加大了对中国股票市场的配置，其投资逻辑是买入并持有部分优质股票。散户投资者与陆股通投资者具有不同的异质性信念，A 股会经历一个去散户化的过程。证券市场参与者异质性会影响股票的特质波动率，关于陆港通对股票的特质性波动率影响的研究较少。现有研究指出，股票的特质波动率与股票收益之间成正相关关系或负相关关系。中国资本市场加速开放后，陆股通参与者所占持股份额不断提高，由于陆股通投资者偏好投资大市值、业绩稳定的股票，因此陆股通投资者占这些股票的流通比例不断上升，这些机构投资者能有效地监督管理者抽取现金流的行为，从而起到降低公司特质风险的作用。陆股通机构投资者还与我国国内机构投资者的投资风格不一样，陆股通机构投资者通常能够持股达到 3 年以上，他们对公司的监管会更加积极，也会减少管理者对公司不利信息的囤积，从而减少股票价格暴跌的风险。对于陆港通制度如何影响相应股票的特质性波动率，目前的研究相对较少，这也是研究外资如何通过互联互通制度改变中国投资者结构所需解决的一个重大问题。

关于溢出效应方面，现有的文献主要研究世界范围内股票市场、债券市场、外汇市场、原油市场之间的相互影响，而较少文献研究陆港通制度后内地市场与香港市场之间的协同变化。冯永琦和段晓航（2016）使用二元 Garch - Bekk 模型研究了沪港通政策效应，得出在沪港通政策实施前，上海市场与香港市场的联动性较弱，在沪港通政策实施后，上海市场对香港市场的波动溢出效应明显加强。他们在研究溢出效应的过程中使用的是静态参数模型，而金融市场的波动溢出效应随着时间的推移不可能是一成不变的，而是随着时间的变化而变化。近期关于溢出效应的研究大多使用时变的参数模型，时变模型的做法是采用滚动窗口 VAR 方法，即在固定时间窗口的情况下，利用常系数 VAR

模型来估计对应的参数，从而分析金融市场间波动性的影响。目前关于陆股通机制溢出效应暂时还没有时变模型的相关研究。在波动率时变的情况下，利用马尔科夫链和蒙特卡罗方法估计波动率，结合时变的 VAR 模型对陆港通开通后溢出效应的研究，暂时也没有相关文献。

第三章
陆股通股票价格影响机制研究

第一节 引 言

1991 年 B 股市场建立，中国在加入世界贸易组织时承诺开放 B 股业务，外资券商可直接从事 B 股业务，无须通过国内券商与之合作（巴曙松，2003）。B 股虽然具有与 A 股同样的权利，但 B 股相对于 A 股规模偏小，还存在一定幅度的折价（Fernald and Rogers，2002）。2002 年，中国证监会、中国人民银行联合颁布《合格境外机构投资者境内证券投资管理暂行办法》，正式推出 QFII 试点。QFII 是在我国资本项目不能完全兑换的情况下开放资本市场的一个重大举措，对外资的资质、流入额度、投资范围、流出机制都作了严格的限定。Schuppli 和 Bohl（2009）通过对比中国 QFII 制度前后外国投资者的正反馈交易机制，发现外国投资者的参与有利于中国证券市场的稳定，能够提高市场的运行效率。

2011 年 12 月 16 日，中国证监会、中国人民银行、国家外汇管理局联合发布《基金管理公司、证券公司人民币合格境外机构投资者境内证券投资试点办法》，允许符合条件的基金公司、证券公司香港子公司作为试点机构开展 RQFII 业务。QFII 和 RQFII 制度都具有严格的资金流动限制，在资本市场开放初期，能避免对市场的过大冲击，发展到后期，由于资本流出的过多限制，阻碍了大量外资的流入，这也成为中国申请纳入 MSCI 指数连续三次被拒绝的主要原因之一。为了进一步深化中国资本市场的开放，2018 年 6 月 12 日，中国人民银行、国家外汇管理局对现行 QFII、RQFII 的相关外汇管理政策进行调整：一是取消 QFII 资金汇出 20% 的比例要求，QFII 可委托托管人办理相关资金汇出。二是取消 QFII、RQFII 本金锁定期要求，QFII、RQFII 可根据投资情况汇出本金。三是允许 QFII、RQFII 开展外汇套期保值，对冲境内投资的汇率风险。这进一步提高了外资资金的便利性，有利于 QFII 和 RQFII 资金的长期发展。截至 2018 年 7 月 30 日，累计有 287 家机构获得 1004.59 亿美元、197 家机构获得 6220.72 亿元人民币的投资额度。

外资流入中国资本市场的路径正在发生变化。2014 年 11 月 17 日，沪港通正式实施交易，交易当天，沪股通资金净流入额达到最大限定值 130 亿元。2016 年 12 月 5 日，深港通正式实施交易。截至 2018 年 8 月 9 日，外资通过陆股通渠道可以买入 A 股市场的 1480 只股票，其中沪股通股票 605 只，深股通股票 875 只。相较于 QFII 和 RQFII，外资通过陆股通买入和卖出股票具有更大的便利性和更低的费用，所以境外的大量资金选择了陆股通交易股票，从而导致 QFII2018 年 5 月至 8 月的规模没有显著扩大。QFII 目前的优势在于可以交易债券和互联互通陆股通标的之外的股票。MSCI 纳入 A 股的方式就是以陆股通为基础，初期以 2.5% 的纳入因子纳入 234 只股票，纳入当月的陆股通净流入额度为 508.55 亿元。从统计数据上看，陆股通资金是缓慢净流入的，随着 MSCI 纳入因子比重的提升，更多的外资机构将参与到中国证券市场。中国证监会在 2018 年 8 月 8 日发布的重点工作①，提出进一步扩大对外开放，抓紧推进沪伦通各项准备工作，争取 2018 年年内推出，积极支持 A 股纳入富时罗素国际指数，提升 A 股在 MSCI 指数中的比重。修订 QFII、RQFII 制度规则，统一准入标准，放宽准入条件，扩大境外资金投资范围。中国证券市场对外开放

① 详见 http：//www.csrc.gov.cn/pub/newsite/zjhxwfb/xwdd/201808/t20180808_ 342434. html.

的力度不断扩大，外资持有股票的份额在不断提升。2018 年 8 月 8 日，外资通过陆股通持有的股票市值为 5456.94 亿元，占整个 A 股市值的 0.9%，外资持有股票份额还有很大的提升空间，而随着资本市场的加速开放，外资对他们所持有股票的定价机制将形成影响。

在外资进入中国资本市场的初期，外资持有股票较少，所以资金会净流入并以买入股票为主。这些以机构投资者为主的资金持有股票的期限都很长，他们重仓买入的股票份额会逐步提升，在未出现严重的负面信息时，不会大幅减持重仓股票。散户投资者偏重于情绪化交易，容易使股票价格大幅偏离其基本价值，使正常的市场配置失灵，造成资本价格的泡沫和随之而来的市场崩溃。外资的投资风格完全不同于散户的交易模式，这种投资模式是否会使市场出现以前不存在的价格异象？陆股通资金对这些现象是否起主要作用？

为回答以上问题，本章第二节基于 Hong 和 Stein（1999）的模型构建了陆股通价格变化机制，提出了研究假设；第三节阐述了本章的研究设计，设计过程中使用了独特的陆股通每日持股数据；第四节进行实证检验、分析实证结论，并进行了稳健性检验；第五节是本章小结。

第二节　模型介绍与研究假设

一、模型的构建

假设有四种类型的交易者，分别为消息观察者、动量交易者、陆股通交易者、套利交易者。其中消息观察者根据消息进行交易，当市场传播正面信息时开始买入，直到正面消息传播完成为止，当市场出现负面消息时开始卖出，直到负面消息传播完成为止，消息观察者的买入弹性系数为 τ，卖出弹性系数为 τ_1；动量交易者根据价格变化进行交易，当价格变化值为正值时开始买入，一直持续至价格变化值为负值时停止买入，持有股票一段时间后才开始卖出，动量交易者的买入弹性系数为 ϕ，卖出弹性系数为 ϕ_1；不管市场的股票价格如何变化，我们假设陆股通交易者在初期和中期一直持续买入，陆股通交易者的买入弹性系数为 φ；套利交易者根据价格变化进行交易，当一段时间内的价格变化值持续为正值时，开始买入股票，在价格形成反转之前卖出，套利交易者的买入弹性系数为 ω，卖出弹性系数为 ω_1。套利交易者和陆股通交易者以机构交易者居多，消息观察者既有散户投资者也有机构投资者，而机构投资者的买入和卖出弹性系数会强于散户投资者，散户投资者主要集中在动量交易者中，故我们假定 $1 > \varphi > \phi > 0, 1 > \omega > \phi > 0, 1 > \tau > \phi > 0, 1 > \omega_1 > \phi_1 > 0,$ $1 > \tau_1 > \phi_1 > 0, \varphi + \phi < 1, \varphi + \tau_1 < 1$。同 Hong 和 Stein（1999）的模型，我们假设消息观察者、动量交易者、陆股通交易者、套利交易者效用函数都服从参数为 γ 的 CARA 函数。当市场中只有消息观察者的情况下，在时刻 t，他们对风险资产的产权进行交易，这项资产在时刻 T 进行一次股利清算，最终的清算价值记为

$$D_T = D_0 + \sum_{j=0}^{T} \varepsilon_j \tag{3.1}$$

其中，D_0, D_T 分别表示 0 时刻资产的初始价值和 T 时刻的资产清算价值，$\varepsilon_j(j = 1, \cdots, T)$ 独立同分布，都服从均值为 0、方差为 σ^2 的正态分布，分别代表 T 期的信息。我们将消息观察者等分为 z 组，每一期消息观察者会观测到消息出现 $\frac{1}{z}\varepsilon_j$ 的变化，这里 z 代表信息传播的速度。假设股票的供给量为 Q，则 t 时刻资产的价格为

$$P_t = D_t + \frac{\varepsilon_1}{z} - Q \tag{3.2}$$

陆港通开通时，外资会为股票市场带来增量资金，消息面以正面信息为主，初期传递信息 $\varepsilon_1 > 0$，由（3.2）式得

$$\Delta P_t = \frac{\varepsilon_1}{z} > 0 \tag{3.3}$$

动量交易者观察到价格变化值为正值，下一期将开始买入，消息观察者也观察到正面信息，下一期也会开始买入，一直持续至 $t+z-1$ 时刻，消息传播完成，消息观察者买入完成。

$$P_{t+a} = D_t + \frac{(a+1)}{z}\varepsilon_1 + \varphi\sum_{i=0}^{a-1}\Delta P_{t+i} + \tau\sum_{i=0}^{a-1}\Delta P_{t+i} + \phi\sum_{i=0}^{a-1}\Delta P_{t+i} - Q \tag{3.4}$$
$$a \in [1, z-1]$$

$$
\begin{aligned}
\Delta P_{t+a} &= \frac{1}{z}\varepsilon_1 + (\varphi+\phi+\tau)\Delta P_{t+a-1} \\
&= \frac{1}{z}\varepsilon_1 + (\varphi+\phi+\tau)\frac{1}{z}\varepsilon_1 + L + (\varphi+\phi+\tau)^{a-1}\frac{1}{z}\varepsilon_1 + (\varphi+\phi+\tau)^a\frac{\varepsilon_1}{z} \\
&= \frac{1}{z}\varepsilon_1\frac{1-(\varphi+\phi+\tau)^{a+1}}{1-(\varphi+\phi+\tau)} > 0
\end{aligned}
$$
$$\tag{3.5}$$

动量交易者继续观察到价格变化值为正值，还会继续购买股票，由于消息在 $t+z$ 时刻后已经传播完成，消息观察者停止买入股票。如果没有新的信息进入，消息观察者也不会卖出，由于股票价格已经持续上涨一段时间，此时套利交易者开始买入，此过程持续至时间 $t+k$。

$$P_{t+b+z} = D_t + \varepsilon_1 + \varphi\sum_{i=0}^{z+b-1}\Delta P_{t+i} + \tau\sum_{i=0}^{z-1}\Delta P_{t+i} + \phi\sum_{i=0}^{z+b-1}\Delta P_{t+i} + \omega\sum_{i=z-1}^{z+b-1}\Delta P_{t+i} - Q$$
$$b \in [0, k-z] \tag{3.6}$$

$$
\begin{aligned}
\Delta P_{t+b+z} &= (\varphi+\phi+\omega)\Delta P_{t+b+z-1} \\
&= (\varphi+\phi+\omega)^{b+1}\Delta P_{t+z-1} > 0
\end{aligned}
$$
$$\tag{3.7}$$

套利交易者的交易行为是短暂的，他们持有股票的时间较短，极端的套利交易者采取第一天买入、第二天便全部卖出的交易行为（Seasholes and Wu，2007；李江平，2017）。本书假设套利交易者在 $t+k$ 时刻完成买入后，他们在 $t+k+1$ 时刻就开始卖出，卖出行为持续至时间 $t+j$，在时间段 $(t+k, t+j]$，根据套利投资者的卖出力度的不同，我们分两种情形进行讨论。

情形 1：当 $\omega_1 < \varphi + \phi$ 时，有

$$P_{t+k+c} = D_t + \varepsilon_1 + \varphi \sum_{i=0}^{k+c-1} \Delta P_{t+i} + \tau \sum_{i=0}^{z-1} \Delta P_{t+i} + \phi \sum_{i=0}^{k+c-1} \Delta P_{t+i} + \tag{3.8}$$

$$\omega \sum_{i=z-1}^{k-1} \Delta P_{t+i} - \omega_1 \sum_{i=k}^{k+c-1} \Delta P_{t+i} - Q, \quad c \in [1, j-k]$$

$$\Delta P_{t+k+c} = (\varphi + \phi - \omega_1) \Delta P_{t+k+c-1} \tag{3.9}$$
$$= (\varphi + \phi - \omega_1)^c \Delta P_{t+k} > 0$$

套利交易者卖出股票后，短期内不再进入市场，自时间 $t+j$ 后，市场处于消息空白期，此时陆股通交易者和动量交易者按照他们各自的既有策略继续买入股票。

$$P_{t+j+d} = D_t + \varepsilon_1 + \varphi \sum_{i=0}^{j+d-1} \Delta P_{t+i} + \tau \sum_{i=0}^{z-1} \Delta P_{t+i} + \phi \sum_{i=0}^{j+d-1} \Delta P_{t+i} \tag{3.10}$$

$$+ \omega \sum_{i=z-1}^{k-1} \Delta P_{t+i} - \omega_1 \sum_{i=k}^{j-1} \Delta P_{t+i} - Q, \quad d \in [1, l-j-1]$$

$$\Delta P_{t+j+d} = (\varphi + \phi) \Delta P_{t+j+d-1} \tag{3.11}$$
$$= (\varphi + \phi)^d \Delta P_{t+j} > 0$$

情形 2：当 $\omega_1 > \varphi + \emptyset$ 时，由 (3.8) 式有

$$\Delta P_{t+k+1} = (\varphi + \phi - \omega_1) \Delta P_{t+k} < 0 \tag{3.12}$$

$$P_{t+k+2} = D_t + \varepsilon_1 + \varphi \sum_{i=0}^{k+1} |\Delta P_{t+i}| + \tau \sum_{i=0}^{z-1} \Delta P_{t+i} + \phi \sum_{i=0}^{k} \Delta P_{t+i} + \tag{3.13}$$

$$\omega \sum_{i=z-1}^{k-1} \Delta P_{t+i} - \omega_1 \sum_{i=k}^{k+1} \Delta P_{t+i} - Q$$

$$\Delta P_{t+k+2} = (-\varphi - \omega_1) \Delta P_{t+k+1} > 0 \tag{3.14}$$

$$\Delta P_{t+k+c} < 0, \quad c \in [1, j-k], \text{且} c \text{为奇数} \tag{3.15}$$

$$\Delta P_{t+k+c} > 0, \quad c \in [1, j-k], \text{且} c \text{为偶数} \tag{3.16}$$

当 $j-k$ 为奇数时，在时间段 $[t+j+1, t+m]$，消息处于空白期，此时由 (3.15) 式有 $\Delta P_{t+j} < 0$。

$$P_{t+j+1} = D_t + \varepsilon_1 + \varphi \sum_{i=0}^{j} |\Delta P_{t+i}| + \tau \sum_{i=0}^{z-1} \Delta P_{t+i} + \phi \sum_{i=0}^{j-1} \Delta P_{t+i} +$$

$$\omega \sum_{i=z-1}^{k-1} \Delta P_{t+i} - \omega_1 \sum_{i=k}^{j-1} \Delta P_{t+i} - Q \tag{3.17}$$

$$\Delta P_{t+j+1} = -\varphi \Delta P_{t+j} > 0 \tag{3.18}$$

$$P_{t+k+d} = D_t + \varepsilon_1 + \varphi \sum_{i=0}^{j+d-1} |\Delta P_{t+i}| + \tau \sum_{i=0}^{z-1} \Delta P_{t+i} + \phi \sum_{i=0}^{k-1} \Delta P_{t+i} + \phi \sum_{i=2, i\text{为偶数}}^{j-k} \Delta P_{t+k+i}$$

$$+ \phi \sum_{i=j+1}^{j+d-1} \Delta P_{t+i} + \omega \sum_{i=z-1}^{k-1} \Delta P_{t+i} - \omega_1 \sum_{i=k}^{k+1} \Delta P_{t+i} - Q, d \in [2, m-j-1] \tag{3.19}$$

$$\Delta P_{t+k+d} = (\varphi + \phi)\Delta P_{t+j+d-1} = (\varphi + \phi)^{d-1}\Delta P_{t+j+1} > 0 \tag{3.20}$$

当 $j-k$ 为偶数时，在时间段 $[t+j+1, t+m]$，消息处于空白期，此时由 (3.16) 式有 $\Delta P_{t+j} > 0$。

$$P_{t+j+1} = D_t + \varepsilon_1 + \varphi \sum_{i=0}^{j} |\Delta P_{t+i}| + \tau \sum_{i=0}^{z-1} \Delta P_{t+i} + \phi \sum_{i=0}^{j} \Delta P_{t+i} +$$

$$\omega \sum_{i=z-1}^{k-1} \Delta P_{t+i} - \omega_1 \sum_{i=k}^{j-1} \Delta P_{t+i} - Q, \tag{3.21}$$

$$\Delta P_{t+j+1} = (\varphi + \phi)\Delta P_{t+j} > 0 \tag{3.22}$$

$$P_{t+k+d} = D_t + \varepsilon_1 + \varphi \sum_{i=0}^{j+d-1} |\Delta P_{t+i}| + \tau \sum_{i=0}^{z-1} \Delta P_{t+i} + \phi \sum_{i=0}^{k-1} \Delta P_{t+i} + \phi \sum_{i=2, i\text{为偶数}}^{j-k} \Delta P_{t+k+i} +$$

$$\phi \sum_{i=j+1}^{j+d-1} \Delta P_{t+i} + \omega \sum_{i=z-1}^{k-1} \Delta P_{t+i} - \omega_1 \sum_{i=k}^{k+1} \Delta P_{t+i} - Q, \quad d \in [2, m-j-1] \tag{3.23}$$

$$\Delta P_{t+j+d} = (\varphi + \phi)\Delta P_{t+j+d-1} = (\varphi + \phi)^{d-1}\Delta P_{t+j+1} > 0 \tag{3.24}$$

记 $\lambda = \phi \sum_{i=0}^{k-1} \Delta P_{t+i} + \phi \sum_{i=2, i\text{为偶数}}^{j-k} \Delta P_{t+k+i} + \phi \sum_{i=j+1}^{m-2} \Delta P_{t+i} + \omega \sum_{i=z-1}^{k-1} \Delta P_{t+i} - \omega_1 \sum_{i=k}^{k+1} \Delta P_{t+i} +$ $\tau \sum_{i=0}^{z-1} \Delta P_{t+i}$。

套利投资者卖出股票的行为对市场形成冲击，减缓了股价的上涨趋势，但不足以造成股票价格的反转，股价的变动值仍然为正值，此时动量交易者继续活跃于市场中，还会继续买入股票，但自时间 $t+m$ 开始，市场开始传来信息 $\varepsilon_2 < 0$，我们假定此负面信息的影响较大，对市场造成的冲击也较大。如果负面消息的冲击较小，不能影响价格的运行趋势，它对价格的影响是微弱的，只会减小价格上升的斜率，这种情况类似于（3.9）式，所以我们只考虑负面消息冲击较大的情形。此时，消息观察者会大量卖出，导致 $\tau_1 > \varphi + \phi$，负面消息的传播需要 z 期完成，此过程持续至时间 $t+m+z-1$。不管是情形 1 还是情形 2，都有 $\Delta P_{t+m-1} > 0$，则

$$\Delta P_{t+m} = \frac{\varepsilon_2}{z} + (\varphi + \phi - \tau_1)\Delta P_{t+m-1} < 0 \qquad (3.25)$$

$$P_{t+m+1} = D_t + \varepsilon_1 + \frac{\varepsilon_2}{z} + \varphi\sum_{i=0}^{m}|\Delta P_{t+i}| + \phi\sum_{i=0}^{m-1}\Delta P_{t+i} + \tau\sum_{i=0}^{z-1}\Delta P_{t+i} - \tau_1\sum_{i=m-1}^{m}\Delta P_{t+i} +$$

$$\omega\sum_{i=z-1}^{k-1}\Delta P_{t+i} - \omega_1\sum_{i=k}^{j-1}\Delta P_{t+i} - Q \qquad (情形1)(3.26)$$

$$P_{t+m+1} = D_t + \varepsilon_1 + \frac{\varepsilon_2}{z} + \varphi\sum_{i=0}^{m}|\Delta P_{t+i}| + \lambda - \tau_1\sum_{i=m-1}^{m}\Delta P_{t+i} - Q$$

$$(情形2)(3.27)$$

$$\Delta P_{t+m+1} = \frac{\varepsilon_2}{z} + (-\varphi - \tau_1)\Delta P_{t+m} < 0 \qquad (3.28)$$

$$P_{t+m+e} = D_t + \varepsilon_1 + \frac{\varepsilon_2}{z} + \varphi\sum_{i=0}^{m+e-1}|\Delta P_{t+i}| + \phi\sum_{i=0}^{m-1}\Delta P_{t+i} + \tau\sum_{i=0}^{z-1}\Delta P_{t+i} - \tau_1\sum_{i=m-1}^{m+e-1}\Delta P_{t+i} +$$

$$\omega\sum_{i=z-1}^{k-1}\Delta P_{t+i} - \omega_1\sum_{i=k}^{j-1}\Delta P_{t+i} - Q, \quad e \in [2, z-1] \qquad (情形1)(3.29)$$

$$P_{t+m+e} = D_t + \varepsilon_1 + \frac{\varepsilon_2}{z} + \varphi\sum_{i=0}^{m+e-1}|\Delta P_{t+i}| + \lambda - \tau_1\sum_{i=m-1}^{m+e-1}\Delta P_{t+i} - Q,$$

$$e \in [2, z-1] \qquad (情形2)(3.30)$$

$$\Delta P_{t+m+e} = \frac{\varepsilon_2}{z} + (-\varphi - \tau_1)\Delta P_{t+m+e-1}$$

$$= \frac{\varepsilon_2}{z} + (-\varphi - \tau_1)\frac{\varepsilon_2}{z} + L + (-\varphi - \tau_1)^{e-2}\frac{\varepsilon_2}{z} + (-\varphi - \tau_1)^{e-2}\Delta P_{t+m+1}$$

$$= \frac{\varepsilon_2}{z}\frac{1 - (-\varphi - \tau_1)^{e-1}}{1 - (-\varphi - \tau_1)} + (-\varphi - \tau_1)^{e-2}\Delta P_{t+m+1} < 0 \qquad (3.31)$$

在（3.31）式中，由于 $\varphi + \tau_1 < 1$ ，故 $(-\varphi - \tau_1)^{e-1}\Delta P_{t+m-1}$ 的值与负冲击 ε_2/z 相比， $(-\varphi - \tau_1)^{e-1}\Delta P_{t+m+1}$ 的值要小很多，故不管 e 为奇数还是偶数，（3.31）式的值都会小于0。不管是情形1还是情形2，最终都会形成价格的反转。我们将两种情形下的价格形成机制表示如图3.1所示。如果第三期有正面消息 $\varepsilon_2 > 0$ 开始传播，将图3.1动量曲线往后叠加就可以形成价格运行机制图，如果第三期继续是负面消息，将最后的反转曲线往后叠加可以形成价格运行机制图。直观意义上，不同信息的传播对股票价格的影响都可以通过相关曲线叠加形成。从图形上我们可以看出，假定起始点 t 是沪港通或深港通开通时间，在初期和中期，陆股通重仓股会形成价格的动量效应，在后期会形成一定程度的反转，但相对于其他非陆股通股票而言，陆股通股票反转的幅度较小。

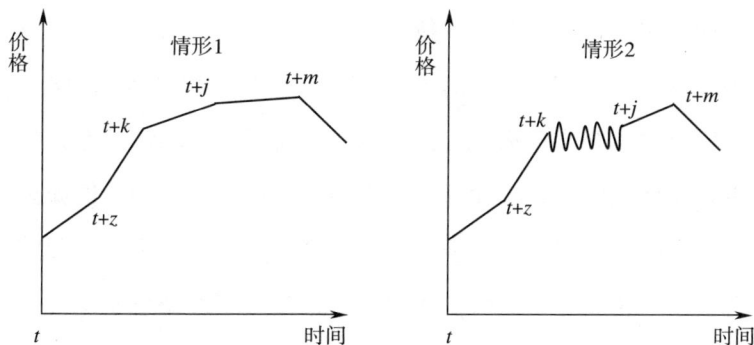

图3.1　陆股通重仓股票价格机制形成图

二、 研究假设

全球约10万亿美元的资产以明晟公司（MSCI）指数为基准，A股在MSCI新兴指数中的权重为31.2%，约1.5万亿美元的资产跟踪富时罗素指数，富时罗素指数公司表示，国际投资者若全面进入 A 股，A 股在新兴市场指数中所占权重将为 32%，庞大的资金决定了这些投资者的投资属性。陆股通投资者偏好投资大市值、分红率高、业绩稳定增长的股票（李江平，2018）。沪港通开通至今，沪股通资金仅重点投资 827 只股票中的大盘股票，大量资金的持续买入会使这些股票价格形成较长时间的上涨，从而形成动量效应。深港通虽然运行时间较短，但整个深股通资金的净流入规模已经与沪股通资金相近。例如深股通中的大族激光，2018 年 6 月 15 日深股通资金的持股市值达到 78 亿元，占大族激光流通市值的比例达到 13.08%，在深股通资金持续买入的过程中，大族激光的股票价格出现缓慢连续上涨的状态，也呈现较长时间的动量效应。A 股投资者结构比较特殊，散户投资者参与的交易占据整个交易量的大部分，散户交易者一般采用正反馈机制买卖股票，当股票价格上涨时买入股票，当股票价格下跌时卖出股票。陆股通资金大量买入的股票会吸引一部分散户投资者的注意，他们的参与会进一步加强这部分股票的动量效应，由于散户投资者的持股时间较短，有一定盈利的情况下他们会选择处置盈利。套利交易者也是一类正反馈机制交易者，在股票持续上升的过程中买入，买入完毕后即开始反向卖出（李江平，2017）。如果陆股通资金此时也卖出股票，就会造成股价的反转，股票价格也会出现大幅度的波动。从实际交易的情况看，陆股通资金选择买入重仓股票的时候，中途偶尔会出现小额的卖出行为，但如果按平均值进行统计，呈现持续净买入的过程，陆股通的持续买入行为一定程度上对冲了大量投资者在市场情绪差的时候的卖出行为，避免了股票价格出现连续大幅度下降的情况，能起到稳定相应股票价格的作用。当然，在陆股通资金买入股票的初期，市场上其他类型投资者的羊群效应，推动了这些股票价格的大幅度上涨，而在陆股通资金总买入金额保持相对稳定时，这些股票价格会出现一定幅度的反转。根据以上分析，我们得出假设 1。

假设 1：陆股通资金持股比例高的股票存在短期和中期（6 个月）动量效应，这些动量效应在多日策略、多周策略、多月策略中都是显著的。

引起动量效应的原因有很多，换手率是一个很重要的因素（Lee and Swaminathan，2000），同时换手率也是情绪指标之一（巴曙松和朱虹，2016），高换手率的股票意味着参与交易的投资者较多，信息传播迅速，按照 Hong 和 Stein（1999）的理论，信息传播较慢的股票源于投资者反应不足，收益率相对较高，即低换手率股票相较于高换手率股票具有更高的动量效应。由于陆股通持股与换手率都能引起动量效应，为了进一步考查陆股通资金产生动量效应的有效性，在控制换手率的情况下，陆股通高持股股票的动量效应仍然显著，且陆股通持股比例高的组合相对于持股比例低的组合，其股票收益率更高。

假设 2：以换手率和收益率进行先后排序，换手率较低的组合相对于换手率较高的组合有更高的收益率，在控制换手率的情况下，陆股通持股比例较高的股票仍然表现出显著的动量效应，且持股比例高的组合比持股比例低的组合的收益率要高。

2002 年，中国证券市场推出 QFII 制度后，外资对我国资本市场的投入力度越来越大。许年行、于上尧、伊志宏（2013）研究发现，QFII 的存在并不能减弱机构投资者的羊群行为与股价崩盘风险之间的正向关系，并且 QFII 的存在会加剧机构投资者羊群行为与股价同步性之间的正向关系。QFII 制度对外资汇入汇出都有限制，并且额度还需要外汇局的审批，截至 2018 年 7 月 30 日，其投资额度仅为 1004.59 亿美元，投资额度相当有限，所以这些机构投资行为表现为集中买入优质蓝筹股，以在市场中获取较高的投资收益。陆港通开通后，仅仅 2018 年 6 月和 7 月，陆股通资金便总计净流入 569.67 亿元，外资通过陆股通净流入速度远远超过 QFII，这些机构喜欢投资大市值、高成长性、低市盈率蓝筹股。由于陆股通资金持续买入，这些大市值股票较那些小市值股票具有更高的收益率。

假设 3：大市值股票表现出更强的动量效应，且大市值组合相较于小市值组合具有更高的收益率。

第三节 研究设计

近年来，我国学者作了大量的研究，样本长度的不同和数据处理方法的不同都会得出不同的结论，但股票价格总体上以反转现象为主。本节将深入研究陆股通的动量效应和反转效应，根据 Booth、Fung 和 Leung（2016）以及 Conrad 和 Yavuz（2017）使用的方法，研究陆股通持股对陆股通股票出现的动量效应是否具有贡献，这个问题也是本节的研究重点。

一、数据的说明

本节从日、周、月度三种时间维度来讨论动量效应和反转效应，样本区间为 2014 年 11 月 17 日至 2018 年 6 月 15 日。由于香港联交所自 2017 年 3 月 17 日开始公布陆股通每日持股数据，为了考查陆股通持股对动量效应的影响，样本子区间为 2017 年 3 月 17 日至 2018 年 6 月 15 日，样本为所有互联互通的陆股通标的股票。考虑现金分红再投资的个股回报率数据来自 CSMAR 数据库，陆股通股票的每日持股数据来源于香港联交所。在日数据、周数据和月数据中，剔除数据缺失的股票。

二、变量定义

（一）收益率
考虑现金红利再投资的日个股回报率

$$r_{n,t} = \frac{P_{n,t}(1 + F_{n,t} + S_{n,t}) \cdot C_{n,t} + D_{n,t}}{P_{n,t-1} + C_{n,t} \cdot S_{n,t} \cdot K_{n,t}} - 1 \quad (3.32)$$

其中，$P_{n,t}$ 为股票 n 在 t 日的收盘价，$P_{n,t-1}$ 为股票 n 在 $t-1$ 日的收盘价，$D_{n,t}$ 为股票 n 在 t 日为除权日时的每股现金分红，$F_{n,t}$ 为股票 n 在 t 日为除权日时的每股红股数，$S_{n,t}$ 为股票 n 在 t 日为除权日时的每股配股数，$K_{n,t}$ 为股票 n 在 t 日为除权日时的每股配股价，$C_{n,t}$ 为股票 n 在 t 日为除权日时的每股拆细数。

考虑现金红利再投资的日收盘价的可比价格的公式为

$$P_{n,t} = P_{n,t-1}(1 + r_{n,t}) \tag{3.33}$$

其中，$P_{n,1}$ 为股票 n 在上市首日的收盘价，$P_{n,t}$ 为股票 n 在 t 日的考虑现金红利再投资的日收盘价的可比价格，$P_{n,t-1}$ 为股票 n 在 $t-1$ 日的考虑现金红利再投资的日收盘价的可比价格，$r_{n,t}$ 为股票 n 在 t 日的考虑现金红利再投资的日个股回报率。

考虑现金红利再投资的周、月个股回报率

$$r_{n,t} = \frac{P_{n,t}}{P_{n,t-1}} - 1 \tag{3.34}$$

其中，$P_{n,t}$ 为股票 n 在 t 周、月的最后一个交易日的考虑现金红利再投资的日收盘价的可比价格，$P_{n,t-1}$ 为股票 n 在 $t-1$ 周、月的最后一个交易日的考虑现金红利再投资的日收盘价的可比价格。

（二）换手率

日、周、月换手率分别为日、周、月股票交易的股数与流通股数的比值。

（三）流通市值

日个股流通市值为个股的流通股数与日收盘价的乘积，周、月个股流通市值为个股的流通股数与周、月收盘价的乘积。

第四节　陆股通惯性效应及形成机制分析

一、陆股通标的股票日、周动量效应

为研究陆股通资金对动量效应的影响，笔者使用双排序方法（Booth et al, 2016；Conrad and Yavuz, 2017）。双排序方法有两种方式：第一种方式是先按照累计收益率从大到小进行排序，按照一定的百分比分为赢家组合和输家组合，然后按照需要考察的属性对赢家组合和输家组合分别排序（Hsien and Yu，2008）；第二种方式是先按照需要考察的属性进行排序，然后按照收益率排序进行分组（Bandarchuk and Hilscher，2013；潘莉和徐建国，2011）。第一种方式一开始就区分出赢家组合和输家组合；第二种方式则不能保证这个结果，比如，如果先按照公司市值进行排序，得到的大市值公司不一定是赢家组合，所以再对大市值公司进行收益率排序时，将收益率高的定义为赢家组合时，可能会造成一定的误差。本书需要研究陆股通政策对相应股票的动量效应和反转效应，如果按照第一种方式排序，持股比例高的影响作用不够突出，如果按照第二种方式排序，仍然能够得出显著的动量效应，更能表明陆股通资金对动量效应的决定作用。综合考虑，本书选择第二种方式进行排序。中国股票交易制度设置了涨跌停制度，涨跌停制度会加剧股票的价格波动性（王朝阳和王振霞，2017），为了避免排序期最后一期对持股期第一期形成的价格压力，以下所有实证结果都选择在排续期和持股期之间间隔一期，更能真实反映组合的动量效应和反转效应。

首先，按照每日、每周、每月持股比例从高到低排序，将排在前30%的组合定义为高持股组合，将排在后30%的组合定义为低持股组合，然后，再对高持股组合按照每日、每周、每月累计收益率从高到低排序，排在前30%的组合定义为高持股赢家组合，排在后30%的组合定义为高持股输家组合。以同样的方法对低持股组合进行分类，排在累计收益率前30%的组合定义为低持股赢家组合，排在累计收益率后30%的组合定义为低持股输家组合。可以构造五种不同的策略：第一种策略为做多高持股赢家组合，做空低持股输家组合；第二种策略为做多高持股赢家组合，做空低持股赢家组合；第三种策略为做多高持股赢家组合，做空高持股输家组合；第四种策略为做多低持股赢家组合，做空低持股输家组合；第五种策略为做多高持股输家组合，做空低持股输家组合。计算相应组合的平均收益率的差，在日、周数据中，以第一种策略计算，即做多高持股赢家组合，同时做空低持股输家组合，得出表3.1、表3.2、表3.3。

深港通相对沪港通而言开通时间较晚,深股通股票还处于外资大量买入的建仓期,所以表3.1得出的所有排序期和持有期都具有显著的惯性现象,初步显示深股通资金的持续买入引起了重仓股票价格持续上涨的现象。2014年11月17日,沪港通开通运行,至2017年3月17日时已经比较成熟,而笔者发现表3.2所有排序期和持有期仍然存在显著的动量效应。表3.3结果为陆股通股票多周策略的动量效应。做多高持股赢家组合,同时做空低持股输家组合的收益率都显著为正,主要来源于深股通高持股股票或者沪股通高持股股票的正收益率,正收益率中有一部分来源于深股通低持股股票或者沪股通低持股股票的负收益率,进一步表明高持股组合在过去表现出高收益率,在未来较长时间内仍然能保持高收益率,陆股通资金使相应组合产生显著的动量效应。

表3.1 深股通股票多日回报率的动量效应

	K					
	2017.3.17—2018.6.15					
J	1	2	4	6	8	9
1	0.0016 *** (3.3612)	0.0036 *** (5.6508)	0.0059 *** (6.0295)	0.0115 *** (9.4479)	0.0210 *** (14.0359)	0.0261 *** (16.1142)
2	0.0015 *** (3.1511)	0.0018 *** (2.6089)	0.0039 *** (3.7508)	0.0073 *** (6.1355)	0.0102 *** (7.8182)	0.0210 *** (14.0826)
4	0.0012 *** (2.4544)	0.0030 *** (4.2906)	0.0055 *** (5.7351)	0.0083 *** (7.3649)	0.0113 *** (8.4741)	0.0127 *** (9.0666)
6	0.0016 *** (3.1613)	0.0031 *** (4.1855)	0.0060 *** (5.6015)	0.0092 *** (7.1205)	0.0120 *** (8.0378)	0.0130 *** (8.2099)
8	0.0017 *** (3.0946)	0.0034 *** (4.3180)	0.0059 *** (5.2469)	0.0080 *** (5.8049)	0.0096 *** (6.2068)	0.0103 *** (6.2522)
9	0.0013 *** (2.3993)	0.0027 *** (3.4675)	0.0047 *** (4.2114)	0.0066 *** (4.7656)	0.0083 *** (5.3034)	0.0091 *** (5.5028)

注:* 、** 、*** 分别表示在10%、5%和1%水平上显著,括号内为t检验值,投资策略为第一种策略。

表 3.2　　　　　　　　　　　沪股通股票多日回报率的动量效应

			K			
	2017. 3. 17—2018. 6. 15					
J	1	2	4	6	8	9
1	0.0017 *** (3.4719)	0.0035 *** (5.4533)	0.0059 *** (6.2245)	0.0083 *** (7.4961)	0.0120 *** (10.0156)	0.0134 *** (10.6723)
2	0.0015 *** (3.1739)	0.0019 *** (2.6485)	0.0042 *** (4.2176)	0.0083 *** (7.3081)	0.0113 *** (9.1695)	0.0126 *** (9.4720)
4	0.0014 *** (2.6639)	0.0034 *** (4.5793)	0.0070 *** (7.0744)	0.0104 *** (9.2367)	0.0139 *** (10.5184)	0.0155 *** (10.9914)
6	0.0018 *** (3.4612)	0.0037 *** (4.7773)	0.0070 *** (6.5206)	0.0108 *** (8.2875)	0.0137 *** (9.1618)	0.0150 *** (9.5130)
8	0.0017 *** (2.9691)	0.0037 *** (4.5233)	0.0069 *** (5.9977)	0.0096 *** (6.8396)	0.0120 *** (7.5448)	0.0136 *** (8.0444)
9	0.0016 *** (2.8228)	0.0032 *** (3.9695)	0.0062 *** (5.4048)	0.0086 *** (6.0546)	0.0115 *** (7.1315)	0.0129 *** (7.6260)

　　注：*、**、***分别表示在10%、5%和1%水平上显著，括号内为 t 检验值，投资策略为第一种策略。

表 3.3　　　　　　　　　　陆股通多周回报率的动量效应

			K			
	2017. 3. 17—2018. 6. 15					
J	1	2	3	4	5	6
1	0.0057 ** (2.1295)	0.0128 *** (3.5171)	0.0169 *** (3.6512)	0.0191 *** (3.3758)	0.0228 *** (3.9454)	0.0259 *** (4.3623)
2	0.0066 ** (2.2228)	0.0108 *** (2.6210)	0.0144 *** (2.9546)	0.0186 *** (3.4413)	0.0214 *** (3.5398)	0.0254 *** (3.7372)
3	0.0045 * (1.4352)	0.0090 ** (2.1850)	0.0117 *** (2.5639)	0.0144 *** (2.7418)	0.0178 *** (2.9205)	0.0207 *** (2.9812)
4	0.0037 (1.2708)	0.0066 ** (1.7713)	0.0100 ** (2.2976)	0.0122 ** (2.3259)	0.0152 *** (2.5223)	0.0166 *** (2.5179)
5	0.0038 * (1.3641)	0.0065 * (1.6455)	0.0092 ** (1.9355)	0.0121 ** (2.2821)	0.0133 ** (2.1903)	0.0140 ** (2.2324)
6	0.0036 * (1.3280)	0.0063 * (1.6585)	0.0089 ** (2.1306)	0.0104 ** (2.1208)	0.0119 ** (2.0414)	0.0139 ** (2.2830)

　　注：*、**、***分别表示在10%、5%和1%水平上显著，括号内为 t 检验值，投资策略为第一种策略。

二、　陆股通标的股票月动量效应

（一）　陆股通持股的动量效应

动量交易者的特点是持股时间较短，频繁交易股票，而陆股通资金以机构投资者为主，买入股票后，很长一段时间以持有股票为主，这些机构投资者拥有较多的资源去挖掘信息，能更好地预测市场，那么其投资组合的收益率是否高于散户投资者？为了考查陆股通资金对标的股票的影响，采用前面的日、周双排序方法。为了进一步研究陆股通高持股组合的动量效应是否显著，先计算做多陆股通高持股赢家组合，同时做空陆股通高持股输家组合的月收益率，得出表 3.4。再分别计算做多陆股通高持股赢家组合，同时做空陆股通低持股赢家组合的月收益率；做多陆股通高持股输家组合，同时做空陆股通低持股输家组合的月收益率，分别得出表 3.5 和表 3.6。

表 3.4 报告了回报率的结果，除策略 1 – 1、1 – 2、1 – 3、2 – 1 结果不显著外，其余所有排序期和持有期的赢家组合与输家组合的收益率差值都显著为正，陆股通高持股股票表现出显著的中期动量效应。在排序期为 1 – 4 期时，动量效应主要来源于陆股通高持股赢家组合的正收益率，这些赢家组合能够保持股票价格的持续上涨。在排序期为 5 – 6 期时，动量效应主要来源于陆股通高持股输家组合的负收益率，此时高持股赢家组合的收益率也为负值，即这些持续上涨的股票价格已经形成反转，但其下跌的幅度要低于那些输家组合，这一结果符合图 3.1 对应模型所描述的情况。表 3.5、表 3.6 的结果都显著为正，即陆股通持股较高的组合相对于持股较低的组合具有更强的动量效应，且在排序期固定的情况下，持有期的时间越长，差值越大，即获得的收益率越高，这进一步说明陆股通资金的投资属性，持股的周期相对较长。本研究首次发现 A 股存在显著的月度动量效应，与欧美国家出现的月度现象较为一致（Jegadeesh and Titman，1993），支持假设 1。潘莉和徐建国（2011）认为月度动量效应主要集中在一些欧美发达市场，Chui、Titman 和 Wei（2010）发现在资本市场相

对较成熟的韩国、日本市场也不存在显著的月度动量效应，而陆港通开通之后，陆股通标的出现了以前不存在的月度动量效应。由于动量效应的出现与成交量（Lee and Swaminathan，2000）、股票市值（Booth et al.，2016）有关，是什么原因导致了这个结果的出现，需要进一步研究其他变量的影响。

表 3.4　　　　　　　　陆股通高持股股票月回报率的动量效应

		K					
		2017. 3. 17—2018. 6. 15					
J		1	2	3	4	5	6
1	W	− 0.0027	0.0034	0.0062	0.0171	0.0265	0.0232
	L	− 0.0033	− 0.0006	− 0.0027	− 0.0104	− 0.0275	− 0.0415
	$W - L$	0.0006	0.0040	0.0089	0.0275 **	0.0540 ***	0.0647 ***
		(0.0740)	(0.4690)	(0.9888)	(2.4455)	(4.2633)	(4.3909)
2	W	0.0015	0.0093	0.0182	0.0225	0.0277	0.0233
	L	− 0.0037	− 0.0086	− 0.0228	− 0.0395	− 0.0576	− 0.0740
	$W - L$	0.0052	0.0179 *	0.0410 **	0.0620 ***	0.0853 ***	0.0973 ***
		(0.8977)	(1.4659)	(2.5197)	(3.8223)	(4.1888)	(3.3592)
3	W	0.0032	0.0112	0.0184	0.0184	0.0094	0.0083
	L	− 0.0161	− 0.0323	− 0.0501	− 0.0658	− 0.0843	− 0.0935
	$W - L$	0.0193 **	0.0435 ***	0.0686 ***	0.0843 ***	0.0936 **	0.1018 ***
		(1.9956)	(2.9783)	(3.6687)	(3.5552)	(2.9107)	(2.7208)
4	W	0.0011	0.0047	− 0.0007	− 0.0039	0.0008	− 0.0013
	L	− 0.0198	− 0.0364	− 0.0545	− 0.0735	− 0.1014	− 0.1290
	$W - L$	0.0209 **	0.0412 ***	0.0538 ***	0.0696 ***	0.1023 ***	0.1277 **
		(2.6221)	(3.1207)	(3.3953)	(3.6412)	(4.2589)	(5.5625)
5	W	− 0.0090	− 0.0102	− 0.0155	− 0.0102	− 0.0118	− 0.0177
	L	− 0.0217	− 0.0407	− 0.0674	− 0.0927	− 0.1183	− 0.1347
	$W - L$	0.0128 *	0.0305 **	0.0519 **	0.0825 **	0.1065 **	0.1170 **
		(1.5741)	(2.0779)	(2.4865)	(3.0160)	(3.3088)	(3.4513)
6	W	− 0.0054	− 0.0043	− 0.0049	− 0.0042	− 0.0201	− 0.0276
	L	− 0.0298	− 0.0571	− 0.0828	− 0.0969	− 0.1183	− 0.1351
	$W - L$	0.0244 ***	0.0528 ***	0.0779 ***	0.0928 ***	0.0983 **	0.1075 **
		(1.5741)	(4.8294)	(4.0296)	(3.5351)	(3.2367)	(4.4795)

　　注：*、**、***分别表示在10%、5%和1%水平上显著，括号内为 t 检验值。

表 3.5　　陆股通高持股赢家组合与低持股赢家组合月回报率的差

	K					
	2017. 3. 17—2018. 6. 15					
J	1	2	3	4	5	6
1	0.0222 *** (3.3602)	0.0382 *** (3.6015)	0.0508 *** (4.3941)	0.0697 *** (6.2981)	0.0881 *** (7.9109)	0.1038 *** (9.0906)
2	0.0173 *** (2.7339)	0.0380 ** (3.0112)	0.0527 *** (3.6023)	0.0627 *** (4.3881)	0.0847 *** (4.9565)	0.1081 *** (6.1828)
3	0.0179 ** (2.1779)	0.0319 ** (2.4287)	0.0502 *** (3.5430)	0.0679 *** (4.1994)	0.0856 *** (4.9529)	0.1090 *** (7.6926)
4	0.0175 ** (1.9422)	0.0353 ** (2.6379)	0.0489 *** (3.6105)	0.0694 *** (4.2871)	0.0941 *** (5.2155)	0.1094 *** (7.6225)
5	0.0167 * (1.8193)	0.0348 ** (2.2758)	0.0541 ** (2.9950)	0.0720 *** (3.1702)	0.0915 *** (3.8229)	0.1059 *** (5.1216)
6	0.0231 ** (2.6024)	0.0463 *** (3.3902)	0.0624 *** (3.2270)	0.0775 ** (3.2425)	0.0830 ** (3.5810)	0.0980 *** (6.7095)

注：*、**、***分别表示在10%、5%和1%水平上显著，括号内为 t 检验值。

表 3.6　　陆股通高持股输家组合与低持股输家组合月回报率的差

	K					
	2017. 3. 17—2018. 6. 15					
J	1	2	3	4	5	6
1	0.0175 ** (2.3802)	0.0293 *** (2.8363)	0.0408 *** (3.2868)	0.0433 *** (2.8264)	0.0589 *** (3.7331)	0.0800 *** (6.0686)
2	0.0118 * (1.4487)	0.0242 ** (2.1208)	0.0283 ** (2.1476)	0.0352 ** (2.6006)	0.0501 *** (5.8239)	0.0607 *** (13.0646)
3	0.0090 * (1.6309)	0.0154 ** (2.0065)	0.0228 *** (3.0044)	0.0331 *** (4.6395)	0.0438 *** (7.0108)	0.0533 *** (5.0680)
4	0.0075 * (1.4533)	0.0187 ** (2.5578)	0.0298 ** (2.6777)	0.0318 ** (2.7905)	0.0384 *** (3.6966)	0.0457 *** (5.1219)
5	0.0148 ** (2.4357)	0.0270 ** (2.6129)	0.0308 ** (2.6261)	0.0289 ** (2.4880)	0.0409 *** (3.4169)	0.0571 *** (5.7603)

续表

	K					
	2017. 3. 17—2018. 6. 15					
J	1	2	3	4	5	6
6	0.0165 ** (2.4698)	0.0194 * (1.7276)	0.0181 * (1.7096)	0.0294 * (2.0105)	0.0383 ** (2.3729)	0.0475 ** (3.7602)

注：*、**、*** 分别表示在 10%、5% 和 1% 水平上显著，括号内为 t 检验值。

（二）换手率的动量效应

采用双排序方法，将陆股通标的股票换手率从大到小排序，将排在前 30% 的组合定义为高换手率组合，将排在后 30% 的组合定义为低换手率组合。然后再对高换手率组合按照每月累计收益率从高到低排序，排在前 30% 的组合定义为高换手率赢家组合，排在后 30% 的组合定义为高换手率输家组合；对低换手率组合按照每月累计收益率从高到低排序，排在前 30% 的组合定义为低换手率赢家组合，排在后 30% 的组合定义为低换手率输家组合。计算第二种策略即做多高持股赢家组合，同时做空低持股赢家组合下的收益率，得出表 3.7、表 3.8。计算做多低换手率赢家组合，同时做空低换手率输家组合的月收益率，得出表 3.9。

从表 3.7、表 3.8 的结果看，所有排序期和持有期的结果都是正值，即低换手率组合相对于高换手率组合具有更高的收益，低换手率组合呈现更高的动量效应。较低的换手率表明信息的缓慢传递，造成了投资者的反应不足（Hong and Stein，1999），从而引起更强的动量效应，所以低换手率股票的收益率表现优于高换手率股票。尤其在排序期为 5 和 6 时，所有的持有期结果都显著为正。换手率指标可以作为成交量的代理指标，也可以作为市场情绪的指标（巴曙松和朱虹，2016）。Lee 和 Swaminathan（2000）发现交易量大的股票动量效应更加显著，未来发生反转的速度也更快，本书的结论跟他们的结论相反，即低换手率的股票相较于高换手率的股票动量效应更显著。但从表 3.9 得出，动量效应的主要来源是做空输家组合获得的正收益，赢家组合的收益率在多数情形下是负值。

表 3.7　陆股通低换手率赢家组合与高换手率赢家组合月回报率的差

K						
2017. 3. 17—2018. 6. 15						
J	1	2	3	4	5	6
1	0.0041 (0.4678)	0.0122 (1.0307)	0.0159 (1.1408)	0.0246 * (1.3964)	0.0325 * (1.5658)	0.0572 *** (3.2124)
2	0.0084 * (1.4183)	0.0172 * (1.6621)	0.0261 ** (1.8266)	0.0330 ** (2.0324)	0.0469 *** (3.3253)	0.0656 *** (7.0181)
3	0.0086 (1.2359)	0.0164 * (1.7325)	0.0262 ** (2.0608)	0.0387 *** (2.9786)	0.0537 *** (4.8545)	0.0579 *** (6.3259)
4	0.0049 (0.5869)	0.0136 (0.9614)	0.0250 * (1.6061)	0.0271 * (1.6044)	0.0316 * (1.7521)	0.0468 *** (3.2269)
5	0.0136 * (1.8020)	0.0257 ** (2.1927)	0.0308 ** (1.9492)	0.0298 * (1.5586)	0.0394 ** (2.0474)	0.0488 ** (3.2524)
6	0.0125 * (1.9054)	0.0230 * (1.6210)	0.0172 (0.9560)	0.0160 (0.7377)	0.0231 (1.1809)	0.0334 ** (2.5510)

注：＊、＊＊、＊＊＊分别表示在 10%、5% 和 1% 水平上显著，括号内为 t 检验值。

表 3.8　陆股通低换手率输家组合与高换手率输家组合月回报率的差

K						
2017. 3. 17—2018. 6. 15						
J	1	2	3	4	5	6
1	0.0187 ** (2.2540)	0.0191 * (1.4927)	0.0127 (0.7298)	0.0189 (0.9539)	0.0250 (1.1638)	0.0575 *** (3.1565)
2	0.0005 (0.0506)	0.0049 (0.3110)	0.0149 (0.8007)	0.0237 (1.0306)	0.0597 ** (2.6431)	0.1051 *** (7.5810)
3	0.0048 (0.4872)	0.0151 (0.9636)	0.0374 ** (1.9548)	0.0760 *** (4.1773)	0.1096 *** (6.3954)	0.1316 *** (8.5893)
4	0.0145 * (1.4313)	0.0424 *** (3.1315)	0.0693 *** (4.6252)	0.0911 *** (4.8735)	0.1181 *** (5.4234)	0.1475 *** (9.1395)
5	0.0248 *** (3.0247)	0.0521 *** (3.4118)	0.0777 *** (3.3432)	0.0924 *** (3.3679)	0.1151 *** (3.5993)	0.1339 *** (4.8482)
6	0.0204 * (1.5262)	0.0428 * (1.8064)	0.0591 ** (2.1472)	0.0684 ** (2.0148)	0.0808 ** (2.2306)	0.1238 *** (7.6129)

注：＊、＊＊、＊＊＊分别表示在 10%、5% 和 1% 水平上显著，括号内为 t 检验值。

表3.9 陆股通低换手率组合月回报率的动量效应

		\multicolumn{6}{c}{K}					
		\multicolumn{6}{c}{2017. 3. 17—2018. 6. 15}					
	J	1	2	3	4	5	6
1	W	− 0.0104	− 0.0167	− 0.0276	− 0.0281	− 0.0357	− 0.0301
	L	− 0.0138	− 0.0179	− 0.0288	− 0.0358	− 0.0555	− 0.0673
	W − L	0.0034	0.0012	0.0012	0.0077	0.0198 *	0.0372 **
		(0.5627)	(0.1239)	(0.1215)	(0.7650)	(3.9023)	(2.4190)
2	W	− 0.0123	− 0.0153	− 0.0144	− 0.0196	− 0.0155	− 0.0092
	L	− 0.0103	− 0.0185	− 0.0319	− 0.0497	− 0.0686	− 0.0787
	W − L	− 0.0020	0.0032	0.0175	0.0300 **	0.0531 ***	0.0695 ***
		(− 0.3313)	(0.2926)	(1.1706)	(1.9311)	(3.1743)	(3.7260)
3	W	− 0.0067	− 0.0066	− 0.0056	0.0050	0.0034	0.0023
	L	− 0.0182	− 0.0349	− 0.0499	− 0.0613	− 0.0955	− 0.0954
	W − L	0.0115 *	0.0283 **	0.0443 ***	0.0663 **	0.0988 **	0.0978 ***
		(1.4773)	(2.7514)	(2.9451)	(2.1397)	(2.9639)	(5.0465)
4	W	− 0.0059	− 0.0027	− 0.0029	− 0.0040	− 0.0010	0.0032
	L	− 0.0217	− 0.0411	− 0.0599	− 0.0785	− 0.1045	− 0.1251
	W − L	0.0158 **	0.0384 ***	0.0570 ***	0.0746 ***	0.1035 ***	0.1283 ***
		(2.0398)	(3.1102)	(4.3113)	(4.9376)	(5.4208)	(9.8215)
5	W	− 0.0070	− 0.0032	− 0.0065	− 0.0080	− 0.0110	− 0.0135
	L	− 0.0234	− 0.0436	− 0.0669	− 0.0879	− 0.1139	− 0.1334
	W − L	0.0164 **	0.0404 ***	0.0604 ***	0.0799 ***	0.1029 ***	0.1199 ***
		(1.9601)	(2.9835)	(3.2588)	(3.8173)	(3.9926)	(5.5285)
6	W	− 0.0067	− 0.0081	− 0.0142	− 0.0225	− 0.0348	− 0.0235
	L	− 0.0333	− 0.0565	− 0.0824	− 0.1043	− 0.1306	− 0.1481
	W − L	0.0265 ***	0.0485 ***	0.0682 ***	0.0818 **	0.0958 **	0.1246 ***
		(2.9184)	(3.2868)	(3.6434)	(3.3203)	(3.4351)	(11.2987)

注：*、**、***分别表示在10%、5%和1%水平上显著，括号内为 t 检验值。

（三）控制换手率条件下陆股通持股的动量效应

为了排除换手率的影响作用，在控制换手率的情形下，考查陆股通持股对股票价格的影响。第一步，对样本先按照每月换手率从高到低进行排序，排在前

30% 的股票定义为高换手率股票，排在后 30% 的股票定义为低换手率股票。第二步，在高换手率股票中，按陆股通每月持股比例从大到小进行排序，排在前 30% 的组合定义为高持股组合，排在后 30% 的组合定义为低持股组合。然后再对高持股组合按照每月累计收益率从高到低排序，排在前 30% 的组合定义为高持股赢家组合，排在后 30% 的组合定义为高持股输家组合；对低持股组合按照每月累计收益率从高到低排序，排在前 30% 的组合定义为低持股赢家组合，排在后 30% 的组合定义为低持股输家组合。第三步，在低换手率股票中，按陆股通每月持股比例从大到小进行排序，排在前 30% 的组合定义为高持股组合，排在后 30% 的组合定义为低持股组合。然后再对高持股组合按照每月累计收益率从高到低排序，排在前 30% 的组合定义为高持股赢家组合，排在后 30% 的组合定义为高持股输家组合；对低持股组合按照每月累计收益率从高到低排序，排在前 30% 的组合定义为低持股赢家组合，排在后 30% 的组合定义为低持股输家组合。为了考查换手率对动量效应的影响，在控制低换手率的情况下，先计算做多高持股赢家组合，同时做空高持股输家组合的收益率，得出表 3.10，再计算在控制换手率条件下，做多高持股赢家组合同时做空低持股赢家组合、做多高持股输家组合同时做空低持股输家组合的收益率，得出表 3.11、表 3.12。

表 3.10 中，除策略 1-2、2-1、2-2、2-3、3-1、3-2 不显著外，其余所有排序期和持有期差值结果都显著为正，赢家组合的收益率除了 3-1、5-1 为负值外，其余月收益率都为正值，输家组合大部分为负值，表明在控制低换手率条件下，高持股组合仍具有强动量效应。表 3.11 的所有差值结果都是正值，表 3.12 在排序期为 6 时，出现了 3 个负值，但都不显著，其余结果为正值。两个表格的大多数结果是显著为正的，说明不管是在高换手率的条件下，还是在低换手率的条件下，陆股通高持股组合相较于陆股通低持股组合有更高的收益率。在排序期相同时，持有期越长，得到的收益率差值越大，即持有期越长，获得的收益率越大，这一点印证了陆股通资金的长线持股策略。在排序期和持有期都相同的组合中，最高收益率都出现在高持股组合中，这些结

果表明，在控制换手率的情况下，陆股通资金仍然能引起相关股票出现动量效应，支持假设2。

表3.10　　　　　　　　　陆股通月回报率的动量效应

（在低换手率条件下陆股通高持股标的）

		K					
		2017.3.17—2018.6.15					
J		1	2	3	4	5	6
1	W	0.0089	0.0165	0.0187	0.0337	0.0428	0.0596
	L	−0.0055	0.0007	−0.0014	−0.0068	−0.0195	−0.0218
	W−L	0.0144*	0.0158	0.0201*	0.0405**	0.0622**	0.0815**
		(1.4909)	(1.1724)	(1.3740)	(2.2829)	(2.8199)	(2.7354)
2	W	0.0005	0.0063	0.0177	0.0229	0.0335	0.0834
	L	0.0004	0.0007	−0.0052	−0.0142	−0.0242	−0.0239
	W−L	0.0001	0.0056	0.0229	0.0371*	0.0577**	0.1074***
		(0.0155)	(0.4691)	(1.2491)	(1.6840)	(2.2273)	(5.1387)
3	W	−0.0019	0.0063	0.0094	0.0184	0.0580	0.0688
	L	−0.0050	−0.0101	−0.0217	−0.0335	−0.0411	−0.0342
	W−L	0.0031	0.0165	0.0312*	0.0519**	0.0991***	0.1030***
		(0.3353)	(1.0959)	(1.6450)	(2.4334)	(6.1936)	(6.1810)
4	W	0.0002	0.0071	0.0141	0.0510	0.0574	0.0482
	L	−0.0148	−0.0240	−0.0385	−0.0434	−0.0428	−0.0348
	W−L	0.0149*	0.0311**	0.0526***	0.0943***	0.1002***	0.0830**
		(1.4603)	(2.5519)	(3.0258)	(4.8842)	(4.1724)	(2.2758)
5	W	−0.0008	0.0124	0.0456	0.0509	0.0387	0.0500
	L	−0.0196	−0.0358	−0.0450	−0.0471	−0.0472	−0.0728
	W−L	0.0188*	0.0483**	0.0906***	0.0980***	0.0860**	0.1228**
		(1.7292)	(2.5515)	(5.3923)	(4.0536)	(2.3362)	(2.8041)
6	W	0.0042	0.0302	0.0315	0.0214	0.0237	0.0538
	L	−0.0240	−0.0312	−0.0349	−0.0347	−0.0649	−0.1055
	W−L	0.0281**	0.0613**	0.0664**	0.0561*	0.0886*	0.1592***
		(2.2323)	(3.9480)	(2.9519)	(1.6078)	(1.9928)	(5.9196)

注：*、**、***分别表示在10%、5%和1%水平上显著，括号内为 t 检验值。

表 3. 11　　　　　高持股赢家组合与低持股赢家组合收益率之差

（高换手率条件下）

	K					
	2017. 3. 17—2018. 6. 15					
J	1	2	3	4	5	6
1	0.0093 （1.2606）	0.0141 * （1.4112）	0.0157 （1.0568）	0.0304 * （1.7852）	0.0399 ** （1.8592）	0.0592 ** （2.3319）
2	0.0077 （0.9477）	0.0104 （0.7566）	0.0195 （1.3063）	0.0265 （1.3254）	0.0438 * （1.8461）	0.0674 ** （2.3100）
3	0.0041 （0.4283）	0.0174 * （1.6000）	0.0235 （1.3083）	0.0351 * （1.4139）	0.0591 ** （2.1040）	0.0788 *** （3.2996）
4	0.0160 * （1.7028）	0.0199 * （1.4724）	0.0262 （1.3757）	0.0475 ** （1.9649）	0.0671 *** （3.7833）	0.0794 *** （4.2641）
5	0.0074 （0.9059）	0.0147 （0.8959）	0.0337 * （1.5552）	0.0445 * （1.7720）	0.0598 ** （2.1343）	0.0898 ** （3.1934）
6	0.0077 （0.8023）	0.0241 （1.2722）	0.0295 （1.2574）	0.0379 * （1.5165）	0.0636 ** （2.4393）	0.0553 ** （2.8198）

注：＊、＊＊、＊＊＊分别表示在 10%、5% 和 1% 水平上显著，括号内为 t 检验值。表格中收益率为高持股赢家组合与低持股赢家组合的差。

表 3. 12　　　　　高持股输家组合与低持股输家组合收益率之差

（低换手率条件下）

	K					
	2017. 3. 17—2018. 6. 15					
J	1	2	3	4	5	6
1	0.0121 （1.0915）	0.0240 * （1.5733）	0.0376 ** （2.4130）	0.0391 ** （1.8996）	0.0564 *** （2.8272）	0.0582 *** （36697）
2	0.0136 * （1.4200）	0.0265 ** （2.2934）	0.0259 * （1.5941）	0.0340 * （1.6845）	0.0429 ** （2.8672）	0.0563 *** （5.3288）
3	0.0140 * （1.4793）	0.0130 （0.9373）	0.0167 （0.9878）	0.0205 * （1.4639）	0.0358 ** （2.7033）	0.0373 ** （2.7248）
4	0.0008 （0.0763）	0.0085 （0.5376）	0.0075 （0.5723）	0.0150 （1.0681）	0.0159 （1.2244）	0.0317 ** （2.4180）

续表

	K					
	2017. 3. 17—2018. 6. 15					
J	1	2	3	4	5	6
5	0.0060 (0.6398)	0.0073 (0.5590)	0.0114 (0.6712)	0.0015 (0.1195)	0.0162 (1.2726)	0.0029 (0.1406)
6	0.0038 (0.3420)	0.0074 (0.4114)	−0.0019 (−0.1071)	0.0005 (0.0326)	−0.0111 (−0.5063)	−0.0157 (−0.7801)

注: * 、 ** 、 *** 分别表示在10% 、5% 和1% 水平上显著, 括号内为 t 检验值。表格中收益率为高持股输家组合与低持股输家组合的差。

(四) 控制陆股通持股条件下的动量效应

为了进一步探究动量效应的起因, 在控制陆股通持股的条件下, 考查陆股通股票的动量效应。第一步, 先按照每月持股比率从高到低进行排序, 排在前30%的股票定义为陆股通高持股股票, 排在后30%的股票定义为陆股通低持股股票。第二步, 在陆股通高持股股票中, 按换手率从大到小进行排序, 排在前30%的组合定义为高换手率组合, 排在后30%的组合定义为低换手率组合。然后再对高换手率组合按照每月累计收益率从高到低排序, 排在前30%的组合定义为高换手率赢家组合, 排在后30%的组合定义为高换手率输家组合; 对低换手率组合按照每月累计收益率从高到低排序, 排在前30%的组合定义为低换手率赢家组合, 排在后30%的组合定义为低换手率输家组合。

本书主要研究陆股通持股效应, 所以只考虑在控制陆股通高持股的条件下, 研究相应股票的动量效应, 计算做多高换手率赢家组合, 同时做空高换手率输家组合的收益率, 得出表3.13, 计算做多低换手率赢家组合, 同时做空低换手率输家组合的收益率, 得出表3.14。表3.13的结果表明, 在36个策略中, 有26个策略是显著为正的, 即在控制陆股通持股条件下, 高换手率组合仍然表现出动量效应。表3.14的结果表明, 在36个策略中, 有31个策略是显著为正的, 即在控制陆股通持股条件下, 低换手率组合仍然表现出动量效应，且低换手率组合的动量效应更强，同时低换手率赢家组合的收益率大部分是正值，而表 3.13 中高换手率赢家组合的收益率都是负值，这进一步说明低换手率组合的收益率高于高换手率组合的收益率。在控制陆股通持股的条件下，信息的缓慢传播仍然能对股票价格形成重大影响，投资者的反应不足使股票价格持续上涨。

表 3.13 陆股通月回报率的动量效应

（在陆股通高持股条件下高换手率组合）

		\multicolumn{6}{c}{K}					
		\multicolumn{6}{c}{2017. 3. 17—2018. 6. 15}					
J		1	2	3	4	5	6
1	W	− 0.0166	− 0.0166	− 0.0125	− 0.0078	− 0.0105	− 0.0204
	L	− 0.0089	− 0.0115	− 0.0152	− 0.0307	− 0.0509	− 0.0825
	W − L	− 0.0078	− 0.0051	0.0027	0.0230 **	0.0404 ***	0.0621 ***
		(− 1.0213)	(− 0.4793)	(0.3124)	(2.2511)	(3.9023)	(4.7209)
2	W	− 0.0043	− 0.0042	− 0.0050	− 0.0068	− 0.0191	− 0.0391
	L	− 0.0080	− 0.0123	− 0.0315	− 0.0491	− 0.0771	− 0.0940
	W − L	0.0037	0.0081	0.0265 ***	0.0423 ***	0.0580 ***	0.0549 **
		(0.4653)	(1.1112)	(2.8727)	(4.2813)	(3.8166)	(2.4085)
3	W	− 0.0049	− 0.0071	− 0.0138	− 0.0226	− 0.0439	− 0.0635
	L	− 0.0112	− 0.0300	− 0.0550	− 0.0816	− 0.0984	− 0.1174
	W − L	0.0063	0.0230 **	0.0413 ***	0.0590 ***	0.0544 **	0.0538 ***
		(0.7963)	(2.6131)	(3.8242)	(3.6562)	(2.8624)	(3.3192)
4	W	− 0.0061	− 0.0145	− 0.0318	− 0.0495	− 0.0709	− 0.0919
	L	− 0.0251	− 0.0508	− 0.0850	− 0.0984	− 0.1183	− 0.1402
	W − L	0.0190 ***	0.0363 ***	0.0533 ***	0.0489 ***	0.0473 ***	0.0483 **
		(3.2415)	(4.3046)	(4.8470)	(3.0732)	(3.2610)	(2.2544)
5	W	− 0.0159	− 0.0298	− 0.0509	− 0.0680	− 0.0896	− 0.1039
	L	− 0.0324	− 0.0668	− 0.0863	− 0.1045	− 0.1311	− 0.1515
	W − L	0.0165 **	0.0370 **	0.0354 **	0.0365 **	0.0415 **	0.0476 ***
		(1.9874)	(2.9871)	(2.1053)	(2.3879)	(2.0934)	(6.0489)

续表

		\multicolumn{6}{	c	}{K}
		\multicolumn{6}{	c	}{2017. 3. 17—2018. 6. 15}
J		1	2	3	4	5	6
6	W	− 0.0224	− 0.0466	− 0.0710	− 0.0891	− 0.1009	− 0.1193
	L	− 0.0410	− 0.0581	− 0.0788	− 0.1024	− 0.1250	− 0.1615
	W − L	0.0186 ***	0.0115	0.0078	0.1322	0.0241	0.0422 **
		(2.9682)	(0.6864)	(0.3872)	(0.5367)	(1.4228)	(2.5085)

注：*、**、***分别表示在10%，5%和1%水平上显著，括号内为t检验值。

表 3.14　陆股通月回报率的动量效应（在陆股通高持股条件下低换手率组合）

		\multicolumn{6}{	c	}{K}
		\multicolumn{6}{	c	}{2017. 3. 17—2018. 6. 15}
J		1	2	3	4	5	6
1	W	0.0089	0.0170	0.0196	0.0323	0.0400	0.0580
	L	− 0.0060	− 0.0021	− 0.0044	− 0.0098	− 0.0252	− 0.0263
	W − L	0.0149 **	0.0191 **	0.0240 **	0.0422 ***	0.0652 ***	0.0843 ***
		(1.7818)	(1.8652)	(2.1385)	(2.8470)	(3.0926)	(3.5115)
2	W	0.0010	0.0072	0.0165	0.0206	0.0320	0.0815
	L	− 0.0021	− 0.0020	− 0.0088	− 0.0206	− 0.0287	− 0.0289
	W − L	0.0031	0.0093	0.0252 *	0.0412 *	0.0607 **	0.1104 ***
		(0.4166)	(0.8016)	(1.4750)	(1.6815)	(2.3204)	(6.1847)
3	W	− 0.0016	0.0064	0.0085	0.0185	0.0574	0.0658
	L	− 0.0050	− 0.0103	− 0.0252	− 0.0345	− 0.0421	− 0.0354
	W − L	0.0035	0.0168	0.0338 *	0.0530 **	0.0995 ***	0.1012 ***
		(0.3608)	(1.1294)	(1.4835)	(2.2141)	(5.2397)	(4.9662)
4	W	0.0007	0.0065	0.0147	0.0503	0.0548	0.0524
	L	− 0.0148	− 0.0267	− 0.0384	− 0.0428	− 0.0419	− 0.0292
	W − L	0.0155 *	0.0332 **	0.0530 ***	0.0931 ***	0.0967 ***	0.0816 **
		(1.5568)	(2.1101)	(2.9705)	(4.4396)	(4.0131)	(2.0728)
5	W	− 0.0018	0.0134	0.0445	0.0480	0.0423	0.0517
	L	− 0.0223	− 0.0353	− 0.0442	− 0.0459	− 0.0416	− 0.0670
	W − L	0.0205 *	0.0487 **	0.0887 ***	0.0939 ***	0.0839 **	0.1187 **
		(1.6532)	(2.7087)	(5.1263)	(4.2528)	(2.2259)	(2.6829)

续表

		\multicolumn{6}{c}{K}
		\multicolumn{6}{c}{2017. 3. 17—2018. 6. 15}
	J	1	2	3	4	5	6
6	W	0.0065	0.0306	0.0297	0.0254	0.0245	0.0474
	L	− 0.0221	− 0.0267	− 0.0299	− 0.0238	− 0.0530	− 0.1017
	W − L	0.0286**	0.0573***	0.0596**	0.0492	0.0775*	0.1491***
		(2.8383)	(3.4347)	(3.0733)	(1.4008)	(1.7710)	(14.2242)

注：*、**、***分别表示在10%、5%和1%水平上显著，括号内为 *t* 检验值。

（五）非陆股通股票的动量效应与反转效应

以上考查了陆股通股票的动量效应，由于陆股通资金对非陆股通标的没有直接作用，为进一步剖析陆股通资金对动量效应的贡献，选择样本区间为2017年3月至2018年6月，对比分析非陆股通股票在此期间的动量效应和反转效应。使用 Jegadeesh 和 Titman（1993）的方法，在排序期和持股期之间间隔一期，结果如表3.15所示。表3.15的36个策略中，有7个策略显著为负，7个策略显著为正，其余22个策略的结果都不显著。在不同的排序期和持有期，非陆股通标的股票同时出现动量效应和反转效应，且结果显著的次数都较少，从侧面进一步论证了陆股通资金是产生中期动量效应的重要源泉。

表3.15　　　　非陆股通股票月回报率的动量效应与反转效应

	\multicolumn{6}{c}{K}
	\multicolumn{6}{c}{2017. 3—2018. 6}
J	1	2	3	4	5	6
1	− 0.0049	− 0.0140**	− 0.0230***	− 0.0197**	− 0.0105*	− 0.0068
	(− 0.7790)	(− 2.0518)	(− 2.9755)	(− 2.3214)	(− 1.7538)	(− 0.6720)
2	− 0.0091*	− 0.0161**	− 0.0196***	− 0.0111	− 0.0012	0.0123
	(− 1.4941)	(− 2.3142)	(− 2.1293)	(− 1.2837)	(− 0.1309)	(1.0655)
3	− 0.0009	0.0021	0.0121	0.0146*	0.0279***	0.0179**
	(− 0.1702)	(0.2970)	(1.3682)	(1.8233)	(3.0149)	(2.6428)

			K			
			2017. 3—2018. 6			
J	1	2	3	4	5	6
4	0.0027 (0.4376)	0.0121* (1.5286)	0.0150** (2.3083)	0.0164* (1.7234)	0.0192 (1.3013)	0.0178 (1.0127)
5	0.0038 (0.5779)	0.0052 (0.6377)	0.0090 (0.9103)	0.0122 (0.7739)	0.0195 (1.0749)	0.0249* (1.6062)
6	0.0081 (1.2786)	0.0105 (1.3992)	0.0126 (1.1612)	0.0147 (0.8903)	0.0178 (0.7671)	0.0169 (0.6370)

注: *、**、*** 分别表示在10%、5%和1%水平上显著，括号内为 t 检验值。策略为做多赢家组合，同时做空输家组合。

（六）控制三因子条件下陆股通高持股动量效应

为了进一步探究动量效应的起因，研究 Fama - French（1993）三因子模型能否解释此处存在的动量效应。

$$R_{it} - R_{Ft} = \alpha_i + b_i(R_{Mt} - R_{Ft}) + s_i SMB_t + h_i HML_t + e_{it} \qquad (3.35)$$

其中，R_{it} 表示第 i 个组合在 t 时刻的收益率，R_{Ft} 表示 t 时刻的无风险利率，等式右边变量 $R_{Mt} - R_{Ft}$ 表示市场超额收益率，SMB_t 表示小市值公司收益率与大市值公司收益率的差，HML_t 表示高账面市值比公司的收益率与低账面市值比公司的收益率的差，e_{it} 为残差。使用（3.35）式对陆股通持股的多月动量效应结果进行计算，得出表3.16。从表3.16中可以看出，三因子模型不能完全解释陆股通高持股的动量效应，进一步反映有效市场理论不能解释动量效应的产生，从侧面印证信息的缓慢传播造成投资者反应不足，而陆股通资金在信息方面具有优势，它们会优先投资有业绩利好信息传播的公司。明晟指数（MSCI）在纳入 A 股之前，对所有纳入指数的公司进行 ESG 打分和评级，通过引入 ESG 因子，可以剔除高风险、投资过于激进的公司，相较于普通的散户投资者和国内机构投资者，外资显示出更加成熟的专业性投资经验，对信息的把握更加精确。

表 3.16   动量策略的三因子回归

	策略 1 – 1		策略 3 – 3		策略 4 – 3	
	（1）	（2）	（3）	（4）	（5）	（6）
Alpha	– 0.0281*** （– 4.21）	– 0.0234** （– 2.78）	0.0179 （0.94）	0.0388 （1.42）	– 0.0104** （– 2.88）	– 0.0074 （– 1.10）
RMRF	– 0.2880** （– 2.17）	0.0041 （0.02）	– 0.2776 （– 0.79）	– 0.1507 （– 0.30）	– 0.3542*** （– 5.48）	– 0.1817 （– 1.53）
SMB	– 0.6321** （– 2.59）	– 0.7577** （– 2.46）	– 0.3699 （– 0.62）	– 0.7461 （– 0.88）	– 0.0614*** （– 5.80）	– 1.0411*** （– 5.35）
HML	– 0.0357 （– 0.15）	– 0.2715 （– 0.92）	0.6022 （1.07）	0.4549 （0.56）	– 0.2060* （– 2.04）	– 0.8414** （– 4.53）
Adj. R^2	0.5408	0.3410	0.3171	0.2202	0.8646	0.7694

注：*、**、*** 分别表示在 10%、5% 和 1% 水平上显著，括号内为 t 检验值，Adj. R^2 表示修正后的 R^2。策略 1 – 1 表示排序期为 1，持有期为 1；策略 3 – 3 表示排序期为 3，持有期为 3；策略 4 – 3 表示排序期为 4，持有期为 3。组合（1）、（3）、（5）表示的是陆股通低持股赢家组合等权重收益率与陆股通低持股输家组合等权重收益率的差值，组合（2）、（4）、（6）表示的是陆股通高持股赢家组合等权重收益率与陆股通高持股输家组合等权重收益率的差值。

（七）理论模型的合理性

本章假设陆股通资金是持续流入的，从表 3.17 的结果看，陆股通资金在 16 个月中，只有一个月出现小幅净流出，其余月份都是净流入的，且有 13 个月的净流入金额达 100 亿元以上。从重仓股的持股市值看，随着时间的发展，每个月的持股市值是逐步上升的，持股平均比例也在逐步上升，即陆股通资金持续买入了这些重仓股票。在买入股票的同时，这些股票的等权重平均价格从 39.7904 元先快速上升到 57.7432 元，然后震荡下降，最终的等权重平均价格为 56.4219 元，价格的走势与图 3.1 所对应的模型也是吻合的。按照重要事件进行划分，2017 年 6 月 21 日，明晟公司宣布，决定 2018 年 6 月将中国 A 股纳入 MSCI 新兴市场指数和 MSCIACWI 全球指数，此利好消息引起了外资连续 8 个月大额净买入 A 股，相关重仓股票的价格也持续上涨 8 个月，其等权重平均价格从 43.4215 元上涨到 57.7432 元。2018 年 3 月 22 日，美国总统特朗普在白宫签署总统备忘录，依据"301 调查"结果，将对从中国进口的商品大规模征收关税。这个负面信息的传播，导致相关重仓股票的价格出现反转。以上事件对股票价格产生的效应与模型推导的价格演变过程也是相互吻合的。

表3.17　　　　　　　　　陆股通重仓股月度变化情况

时间	持股总市值 （千亿元）	持股平均 比例	股票等权重 平均价格（元）	陆股通每月 净流入额（亿元）
2017年3月	1357.8113	0.0349	39.7904	111.43
2017年4月	1486.1290	0.0368	40.4794	100.44
2017年5月	1720.6072	0.0407	41.1189	177.43
2017年6月	2060.4511	0.0436	43.4215	221.20
2017年7月	2126.7774	0.0462	42.8604	224.13
2017年8月	2329.4404	0.0503	43.5836	270.28
2017年9月	2595.0937	0.0547	45.7249	208.08
2017年10月	3008.1254	0.0597	51.4630	118.23
2017年11月	3005.5838	0.0657	50.3360	126.08
2017年12月	3279.3688	0.0691	54.3474	85.67
2018年1月	3663.3919	0.0765	57.7432	351.07
2018年2月	3581.1118	0.0791	55.5838	-26.29
2018年3月	3604.8585	0.0805	54.8523	97.12
2018年4月	3660.1152	0.0847	53.3847	386.52
2018年5月	4266.6083	0.0916	59.2362	508.51
2018年6月	4294.2503	0.0955	56.4219	284.92

　　注：将2018年6月15日持股比例达5%以上的陆股通标的组成一组，共有47只股票，定义为陆股通重仓股。

三、稳健性检验

（一）陆股通持股的动量效应的检验

陆股通投资者偏好投资大市值股票，如果陆股通的大量持股能够带来动量效应，那么大市值股票相对于小市值股票就应该具有更强的动量效应。将陆股通标的股票按照流通市值从大到小排序，将排在前30%的组合定义为大市值组合，将排在后30%的组合定义为小市值组合。然后再对大市值组合按照每月累计收益率从高到低排序，排在前30%的组合定义为大市值赢家组合，排在后30%的组合定义为大市值输家组合；对小市值组合按照每月累计收益率从高到低排序，排在前30%的组合定义为小市值赢家组合，排在后30%的组合定义为小市值输家组合。计算做多大市值赢家组合，同时做空小市值赢家组合的月收益率，以及做多大市值输家组合，同时做空小市值输家组合的月收益率，分别得出表3.18和表3.19。

表3.18和表3.19的所有结果都是正值，且大部分结果都显著为正，在排序期一定时，当持有期为5或6时，大市值组合相较于小市值组合具有更显著的动量效应，在排序期为1和2、持有期为1和2时，大市值组合相较于小市值组合有更高的收益率，这一结论与美国资本市场的研究（Banz，1981）是不同的。大市值组合收益率大于小市值组合收益率，它们之间的差值为正，有很大一部分源于卖空小市值组合。主要原因是在样本时间内，A股小市值股票出现了股权质押问题，使得许多小市值股票在此期间出现了大幅度的断崖式下跌，支持假设3。

表3.18　　　　　　　　大市值赢家组合与小市值赢家组合收益率之差

	K					
	2017.3.17—2018.6.15					
J	1	2	3	4	5	6
1	0.0183 ** (1.7910)	0.0371 ** (2.3830)	0.0533 *** (3.6914)	0.0699 *** (5.8419)	0.0897 *** (9.7912)	0.1089 *** (9.3451)
2	0.0211 ** (2.1876)	0.0412 *** (2.4093)	0.0532 *** (2.9393)	0.0636 *** (3.2969)	0.0775 *** (3.1943)	0.0942 *** (4.0451)
3	0.0196 ** (1.9023)	0.0337 ** (2.1163)	0.0468 ** (2.2898)	0.0555 ** (2.1913)	0.0712 ** (2.6797)	0.0967 *** (3.9542)
4	0.0155 (1.1585)	0.0253 (1.1514)	0.0317 (1.2292)	0.0453 * (1.5949)	0.0681 ** (2.5525)	0.0867 *** (5.0715)
5	0.0122 (0.9013)	0.0267 (1.1825)	0.0416 * (1.5873)	0.0475 * (1.5185)	0.0615 ** (2.0898)	0.0800 *** (3.7901)
6	0.0168 * (1.4321)	0.0329 * (1.6991)	0.0409 * (1.6214)	0.0510 * (1.8143)	0.0510 ** (2.2565)	0.0613 *** (6.5990)

注：*、**、***分别表示在10%、5%和1%水平上显著，括号内为t检验值。

表 3.19　　　　　　大市值输家组合与小市值输家组合收益率之差

| J | \multicolumn{6}{c}{K} |
| | \multicolumn{6}{c}{2017.3.17—2018.6.15} |
	1	2	3	4	5	6
1	0.0168 ** (1.8216)	0.0292 ** (1.9355)	0.0432 ** (2.2608)	0.0500 ** (2.2183)	0.0636 *** (2.8435)	0.0866 *** (4.6974)
2	0.0161 * (1.3732)	0.0258 * (1.4019)	0.0270 (1.2093)	0.0309 (1.2627)	0.0464 ** (2.3802)	0.0631 *** (4.4643)
3	0.0100 (0.8220)	0.0140 (0.8833)	0.0173 (1.0890)	0.0207 * (1.4724)	0.0337 ** (2.6653)	0.0473 *** (4.1105)
4	0.0059 (0.5427)	0.0105 (0.6597)	0.0178 (0.8872)	0.0215 (1.0616)	0.0312 * (1.7041)	0.0434 *** (4.6157)
5	0.0080 (0.8078)	0.0175 (1.1317)	0.0177 (0.9754)	0.0164 (0.9017)	0.0322 * (1.9545)	0.0434 *** (5.0738)
6	0.0066 (0.5442)	0.0127 (0.6952)	0.0141 (0.7246)	0.0227 (1.0264)	0.0289 (1.4856)	0.0363 ** (3.4517)

注：*、**、*** 分别表示在 10%、5% 和 1% 水平上显著，括号内为 t 检验值。

（二）变换样本后的检验

前述陆股通数据来源于香港联交所，样本时间仅为 1 年 3 个月，为了考查不同时期的动量效应，选择沪股通标的股票为样本。由于沪港通开通初期，沪股通资金介入程度较低，2014 年 11 月至 2015 年 11 月，中国 A 股经历了大幅度上涨和大幅度下降，相对于其他资金，沪股通资金的影响效应很小，所以将样本时间变换为 2015 年 11 月 17 日至 2018 年 6 月 15 日。使用 Jegadeesh 和 Titman（1993）的方法，选择在排序期和持股期之间间隔一期，结果如表 3.20 所示。表 3.20 的结果中除了策略 2-3 为负值外，其余均为正值，且 36 个策略中有 19 个策略显著为正，即沪股通标的在中期仍然有显著的动量效应，动量效应的强度有所减弱。原因在于我们选择的是沪股通全样本，没有区分沪股通持股程度，过去收益表现好的股票有可能是沪股通资金没有买入的股票，缺乏长期资金的持续买入，价格不能持续上涨，从而导致动量效应的减弱。

表 3.20　　　　　　　　　　　沪股通月回报率的动量效应

	K					
	2015.11.17—2018.6.15					
J	1	2	3	4	5	6
1	0.0021 (0.4728)	0.0023 (0.3669)	0.0002 (0.0284)	0.0021 (0.2658)	0.0182 ** (1.8913)	0.0260 ** (2.0853)
2	0.0025 (0.6429)	0.0005 (0.0976)	−0.0004 (−0.0782)	0.0056 (0.6459)	0.0119 (1.2068)	0.0164 * (1.3615)
3	0.0098 *** (2.3853)	0.0147 ** (2.3853)	0.0156 ** (2.1742)	0.0141 * (1.4056)	0.0117 (1.0690)	0.0109 (1.0190)
4	0.0080 ** (1.8109)	0.0140 ** (2.0980)	0.0136 * (1.6489)	0.0144 * (1.4392)	0.0186 * (1.6624)	0.0219 ** (1.8620)
5	0.0066 * (1.5270)	0.0132 ** (2.1001)	0.0126 ** (1.8842)	0.0157 * (1.6234)	0.0165 * (1.4909)	0.0123 (1.0519)
6	0.0068 * (1.4912)	0.0076 (1.0506)	0.0028 (0.3921)	0.0060 (0.5942)	0.0049 (0.4406)	0.0065 (0.6138)

注：*、**、***分别表示在10%、5%和1%水平上显著，括号内为 t 检验值。策略为做多赢家组合，同时做空输家组合。

第五节　本章小结

　　近几年来，中国的资本市场开放显得越来越迫切，外部环境变化以及加入世界贸易组织的承诺都要求我们尽快且平稳地开放资本市场，因此研究资本市场的开放对股票价格的影响显得尤为重要。本章先从市场中的四类投资者入手，在利好和利空信息传播过程中，讨论了这四类投资者对相关股票价格的影响，构建了动态的价格演变模型。构建的模型与陆港通开放后部分陆股通股票的实际价格走势很吻合，解释了这些股票在陆港通开通初期，因为陆股通资金的大量买入，价格出现快速上升的现象，而在陆股通资金持续买入股票一段时间后，由于时间的推进和负面消息的传播，这些股票价格会出现震荡或者反转现象。

由于投资者结构的原因，中国 A 股长期出现同涨同跌的现象（许年行、洪涛、吴世农、徐信忠，2011）。而本书研究发现，陆股通开通后，陆股通资金占全部 A 股流通股的份额急速上升。由于这部分资金会有选择地买入部分股票，市场上出现部分股票连续上涨，同时部分股票连续下降的分层次的结构性行情（顾海峰和张芮，2017）。实证结果发现，首先，陆股通标的股票在短期和中期（6 个月）存在显著的动量效应，陆股通高持股股票的动量效应更加显著，低换手率股票也存在显著的动量效应。其次，在控制换手率的情况下，陆股通高持股股票仍然具有显著的动量效应，而陆股通低持股股票则表现出反转效应，且在多数情况下，做多高持股组合、做空低持股组合仍然能获得显著正收益。同时，非陆股通股票组合出现动量效应与反转效应并存的情况，进一步说明了陆股通持股是动量效应的重要来源。再次，在控制陆股通持股的情况下，低换手率股票仍然具有显著的动量效应，且低换手率组合的平均收益率比高换手率组合的平均收益率高，说明信息的缓慢传递是产生动量效应的另一原因。最后，陆股通资金偏好投资大市值股票，大市值组合表现出更强的动量效应，且大市值组合的收益率相较于小市值组合的收益率具有更高的收益。

同时，本研究还为投资者提供了一个稳健的投资策略：在明晟指数、富时罗素国际指数、标准普尔指数加速纳入 A 股的过程中，做多陆股通高持股股票，同时做空陆股通低持股股票，能够为投资者创造显著的正收益。由于 A 股的做空限制较多，因此对于散户投资者而言，追踪陆股通每日持股数据，做多陆股通高持股股票，并能够长期持股，也能获得显著的正收益。

中国资本市场还属于新兴的资本市场，投资者以散户为主，散户投资者喜欢购买小市值、业绩差、具备高送转潜质的股票（李心丹、俞红海、陆蓉、徐龙炳，2014）。这种高投机性使市场出现下跌时，股票价格下跌速度过快，而在市场出现上升时，股票价格上涨又极为迅速，从而导致市场的波动性很大。大力引进外资机构投资者可以平滑国内证券价格受投资者情绪的过度影响。陆股通机构投资者通常采用长期持股的价值投资策略，能极大程度地降低交易的频率，降低 A 股的换手率，同时能对散户投资者起到一定的示范作用，从而促进中国证券市场的健康稳定发展。

第四章
陆港通对 A 股波动性影响研究

第一节 引 言

第三章研究了陆港通对相应股票价格的影响，陆股通资金的介入使部分股票产生了中期的动量现象，那么陆股通资金对相应股票的波动率如何影响，将是本章研究的重点。2019 年 6 月，富时罗素国际指数纳入 A 股，沪伦通正式启动，研究这些外资机构对我国股市波动率的影响具有重要的政策意义。

2014 年 4 月 10 日，李克强总理提出"建立上海与香港股票市场交易互联互通机制"，此后 10 个交易日沪股通股票的平均波动率为 0.0094，此日之前 10 个交易日的平均波动率为 0.0180，可见宣布沪港通政策后，相应股票的波动率有明显下降。2014 年 11 月 17 日，沪港通正式实施交易，共有 568 只沪股通股票纳入交易，首日沪股通资金净流入 130 亿元，达到每日限额的上限。笔者使用等权重加权法计算，这些股票此后 10 个交易日的平均波动率为 0.2350，较之前 10 个交易日的平均波动率 0.0229 有小幅上升。截至 2017 年 12 月 29日，共有 554 只沪股通股票，这些股票在 2013 年的等权重平均波动率为 0.0208，它们在 2017 年的等权重平均波动率为 0.0152，即随着外资逐渐买入沪股通股票，这些沪股通股票的波动率有显著的下降。那么是什么因素导致这些股票的波动率降低？我们以贵州茅台为例，2014 年 12 月 31 日，外资通过沪股通持有 3578 万股贵州茅台，截至 2017 年 9 月 30 日，外资通过沪股通持有 7848 万股贵州茅台，外资持有贵州茅台的份额逐步稳定提高，而贵州茅台的波动率显著下降，说明随着外资的净流入，这些股票的波动率下降。国外投资者以机构投资者为主，投资风格偏向于优质大盘蓝筹股，以长期持股为主。笔者认为由于这些机构投资者的参与，相应股票的交易频率显著下降，引起了沪股通股票波动率的下降。

2013 年 6 月，MSCI 启动了关于 A 股纳入 MSCI 新兴市场指数的审议并对 A 股进行首次评估，由于额度和便利性的问题，A 股纳入 MSCI 遭到三次拒绝。继沪港通后，2016 年 12 月 5 日，国务院同意正式启动深港通，外国投资者参与 A 股的便利性得到极大的提升，因为它们可以通过沪港通和深港通两个渠道交易中国证券市场上的 1481 只股票。2017 年 6 月 21 日，明晟公司宣布从 2018 年 6 月开始将中国 A 股纳入 MSCI 新兴市场指数和 MSCIACWI 全球指数，MSCI 计划初始纳入 222 只大盘 A 股，这 222 只 A 股来源于沪港通或深港通标的股票，MSCI 将带动更多的海外主动配置资金通过陆股通进入 A 股市场，那么这究竟将会给 A 股市场带来什么呢？深港通启动前一年，格力电器日收益率的年波动率为 0.0354，而深港通启动后一年，它的年波动率为 0.0324，其年波动率显著降低。取深股通交易股票和初期确定纳入 MSCI 交易的 222 只股票的交集，我们得到 71 只股票，这些股票在深港通政策前一年的平均波动率为 0.0418，在政策后一年的平均波动率为 0.0247，波动率的显著下降是一个群体现象，由此可以预期，深港通政策使相应 A 股股票的波动率显著下降。

深港通开通当日，深股通资金净流入 27.11 亿元。截至 2018 年 3 月 16 日，深股通累计净流入资金为 1776.6 亿元，资金的稳定流入对市场的投资风格和相关股票的波动率产生了极大的影响。深股通标的股票以中小板和创业板股票居多，初期纳入 881 只股票，截至 2018 年 1 月 1 日，共有 944 只股票纳入深股通，占当期深圳 A 股股票总数的 45.43%。统计深港通开通以来的深股通资金每日净买入额，深股通资金累计余额不断稳步提升，在开通以来的 12

个月中，有 9 个月的月流入净额超过 100 亿元，这部分资金对深圳 A 股的价格和波动率起到了越来越重要的作用。

由于深港通政策推出时间相对较晚，现有文献鲜有涉及深港通对 A 股波动性影响的研究，笔者首次运用面板数据评估方法研究沪港通和深港通的政策效应。随着沪伦通开通和 MSCI 全面纳入 A 股，沪港通和深港通政策的研究具有重大现实意义。本研究实证得出了沪港通和深港通政策对降低 A 股波动率的结论，将为监管层大力开放我国资本市场，保持证券市场的平稳发展，提供重要的实证依据。

本章第二节构建了一个理论模型，从理论角度说明反事实波动率构造的合理性；第三节进行研究设计，说明数据的来源，进行描述性统计，并对实证模型原理进行分析；第四节进行实证研究、分析实证结论，最后进行稳健性检验；第五节是本章的小结。

第二节　理论模型与研究假设

一、基本模型

记陆港通政策效应为 $\Delta_{it} = v_{it}^1 - v_{it}^0 = (v_{it} \mid D_i = 1) - (v_{it} \mid D_i = 0)$，其中 $D_i = 1$ 和 $D_i = 0$ 分别表示第 i 只股票处于陆港通开通后和开通前的状态，v_{it} 表示第 i 只股票在时刻 t 的波动率。将样本分成实验组和控制组，在陆港通制度推出前，我们假定实验组和控制组样本的波动率受共同的因素影响，记共同因素为 $f_t = (f_{1t}, \cdots, f_{kt})'$。同时，假定实验组与控制组在陆港通制度推出前的波动率存在稳定的关系，且如果没有陆港通制度的改变，其关系还将延续下去，故在陆港通实施交易后，我们可以用控制组的波动率去预测实验组在没有政策变化下的反事实波动率，实验组波动率的表达式为

$$v_{it}^0 = \alpha_i + b_i{}' f_t + e_{it} \qquad i = 1, \cdots, N, t = 1, \cdots, T \qquad (4.1)$$

其中，$b_i{}'$ 为 $1 \times K$ 的常数项，$\mathrm{E}(e_{it}) = 0$，且 e_{it} 与 f_t 正交，$\mathrm{E}(e_{it} \mid D_j) = 0$，当 $i \neq j$，对于每只实验组股票，选择 m 只利用 CAPMβ 匹配得出的控制组股票，同 （4.1） 式，控制组股票波动率的表达式为

$$v_{jit}^0 = \alpha_{ji} + b_{ji}{}' f_t + e_{jit} \qquad i = 1, \cdots, N, j = 1, \cdots, m, t = 1, \cdots, T \quad (4.2)$$

记 $B = (b_{1i}, \cdots, b_{mi})'$，$v_t = (v_{1it}^0, \cdots, v_{mit}^0)'$，$e_t = (e_{1it}, \cdots, e_{mit})'$，$\overline{\alpha} = (\alpha_{1i}, \cdots, \alpha_{mi})'$，则有 $v_t = \overline{\alpha} + B f_t + e_t$，若 $\mathrm{rank}(B) = k$，有 $f_t = B^- v_t - B^- \overline{\alpha} - B^- e_t + (I - B^- B)y$，其中 B^- 为 B 的广义逆矩阵，y 为 $1 \times K$ 的任意矩阵，代入 （4.1） 式中有

$$v_{it}^0 = \alpha_i + b_i{}' B^- v_t - b_i{}' B^- \overline{\alpha} - b_i{}' B^- e_t + b_i{}'(I - B^- B)y + e_{it}$$
$$i = 1, \cdots, N, t = 1, \cdots, T \qquad (4.3)$$

记 $\tau_i = \alpha_i - b_i{}' B^- \overline{\alpha} + b_i{}'(I - B^- B)y$，$\sigma_{it} = e_{it} - b_i{}' B^- e_t$，则有

$$v_{it}^0 = \tau_i + b_i{}' B^- v_t + \sigma_{it} \qquad i = 1, \cdots, N, t = 1, \cdots, T \qquad (4.4)$$

由于陆港通制度推出后，如果没有改革，实验组股票仍然延续 （4.4） 式，故 （4.4） 式为我们用反事实评估方法估计的波动率。根据 Hsiao et al. (2012) 的结论，我们有

$$\mathrm{E}(\hat{\Delta}_{it} \mid v_t, V) = \Delta_{it} \qquad i = 1, \cdots, N, t = T + 1, \cdots, T_1 \qquad (4.5)$$

其中，V 为 v_t 在时间 T 之前的观测值，（4.5） 式说明了反事实评估方法的无偏性，加强了这种方法对陆港通政策效应研究的理论基础。

二、 研究假设

根据 2015 年《中国证券登记结算统计年鉴》，自然人中 50 万元以下资产的投资者占比为 93.16%，机构投资者个数占总投资者份额为 0.13%，从投资者结构看，散户占据了投资者总数的大部分，并且是市场中的主要交易者。由于散户持股时间较短，2015 年，沪深市场的换手率为 1962.72%，中国结算的

证券结算总额比 2014 年增加了 109.99%。散户投资者扮演着噪音交易者，投资策略上具有羊群效应的特征（李志文、余佩琨和杨靖，2010）。在市场处于牛市的时候，散户投资者将银行账户里的储蓄转移到证券账户，资金的大量涌入加剧了股票价格的上升，波动率由此显著变大；而在市场处于熊市的时候，散户投资者资金大量流出，会造成很多股票价格出现断崖式下跌，价格的急剧下降也导致波动率显著变大。

2014 年之前，国外投资机构投资 A 股的主要途径是通过 QFII 和 RQFII，QFII 和 RQFII 的额度需要外汇局的审批。沪港通正式实施交易后，国外机构投资者进入中国市场的便利性得到极大的提升，在沪港通正式交易初期，国内证券市场正处于牛市，沪股通资金需要大量买入股票，会引起这些股票的波动率变得更大，但在中国股市快速下跌之后，陆股通资金净流入量开始缓慢增加，在一定程度上减缓了这些股票的大幅度波动。从图 4.1 可以看出，在初期，沪股通资金累积流入的曲线斜率最大，代表沪股通资金流入迅速，沪港通制度运行一年九个月后，沪股通资金维持净流入的状态，流入速率较慢，呈现缓慢增加的态势。2015 年 7 月至 2016 年 1 月，沪股通资金的净流入和净流出交替出现。从运行结果上看，沪股通资金在初期需要买入股票进行建仓，采取了快速买入的策略，导致相应股票波动率显著变大。2015 年 7 月至 2016 年 1 月，中国股市大幅度非理性下跌，沪股通资金出现快速的净流出和快速的净流入，呈现一定的羊群效应，2016 年 9 月后，沪股通资金运行趋势稳定，一直保持小幅的净流入，2017 年 12 月 29 日的累计净流入净额达到 1969.749 亿元。在此期间，在股价下跌的过程中，沪股通资金的买入平缓了这些股票的非理性大幅下跌，起到了降低相应股票波动率的作用。基于此分析过程，得出假设 1。

假设 1：沪港通实施交易初期，相应股票的波动率显著变大，沪股通资金对波动率的政策效应显著为正；在沪港通实施交易一年九个月后，沪股通资金降低了相应股票的波动率，沪股通资金对相关股票波动率的政策效应显著为负。

根据韩国资本市场开放的情况（Choe、Kho and Stulz，1999），外资的流入和流出没有破坏市场的稳定性，当外资大量卖出股票的时候，股票价格并未出现异常下跌情况。沪港通开通初期，中国 A 股市场处于牛市行情，市场中的股票都出现了大幅度的上涨，所以在初期，沪股通资金出现一定羊群效应。根据香港联交所发布的《现货市场交易研究调查 2016》，香港市场中，机构投资者成交量占整个交易的 70.11%，而在内地股票市场中，A 股散户投资者成交量占整个交易的比例超过 62%。从表 4.1 列出的数据看，这些机构投资者偏好大市值、高股利、低换手率、低市盈率的股票，沪股通资金在初期大量买入这些公司的股票，在其他条件一定的情况下，会使这些股票的波动率变化幅度更大。

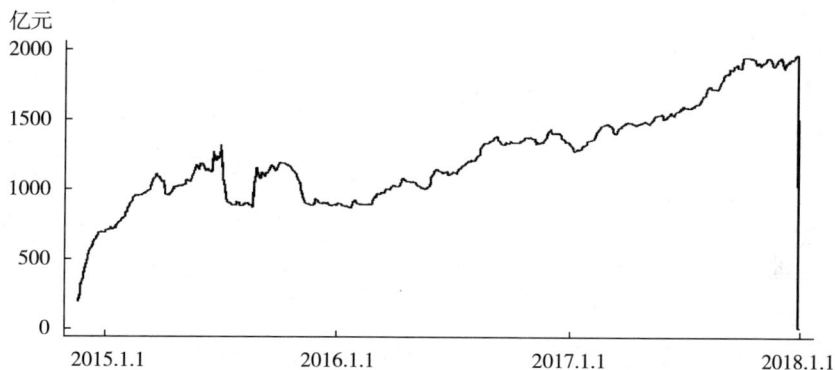

图4.1　沪股通每日累计净流入金额变动

（数据来源：CSMAR 数据库）

表4.1　　　　　　　　沪股通资金持股情况分析

股票名称	占流通股比例（%）	流通市值（亿元）	股息率（%）	换手率（%）	净资产收益率（%）	市盈率
上海机场	31.32	492.17	1.29	124.48	15.14	29.25
恒瑞医药	19.18	1942.69	0.19	60.96	20.65	73.76
宇通客车	16.18	532.90	2.08	136.87	20.30	12.99
方正证券	14.91	567.19	0.15	110.26	3.80	21.96

续表

股票名称	占流通股比例（%）	流通市值（亿元）	股息率（%）	换手率（%）	净资产收益率（%）	市盈率
福耀玻璃	14.23	580.87	2.59	138.83	16.57	23.15
白云机场	13.31	304.19	1.63	177.12	10.60	21.85
水井坊	12.11	228.64	1.32	258.10	21.23	101.71
中国国旅	11.21	847.18	1.20	86.19	19.55	41.63
伊利股份	10.40	1942.14	2.17	166.55	23.78	34.51
长江电力	10.37	1793.78	4.36	42.78	16.44	16.38
怡球资源	0.00	87.70	0.69	780.75	12.99	339.28
*ST蓝科	0.00	33.54	0.00	237.13	-5.19	-38.46
亚星锚链	0.00	61.88	0.31	835.33	0.90	130.15
中国汽研	0.00	80.55	2.39	151.28	8.73	23.64
奥康国际	0.00	58.02	3.46	164.01	5.52	19.01
北特科技	0.00	33.25	0.83	1157.61	5.42	59.73
日出东方	0.00	47.52	0.67	284.78	1.54	19.47
吉翔股份	0.00	76.19	0.40	276.26	10.21	369.37
韩建河山	0.00	22.63	0.00	3832.62	-6.79	-76.00
杭电股份	0.00	27.91	0.56	509.46	5.94	42.67

注：沪股通持股比例的统计时间截至2018年5月31日，其余指标的统计时间截至2017年12月29日，样本选自沪股通标的。沪股通持股比例数据来源于香港联交所，其余数据来源于CSMAR数据库。

在沪港通政策运行一段时间后，沪股通资金有足够的时间渐进买入股票，而此时中国证券市场的融资融券业务从野蛮式发展过渡到规范化发展，散户投资者的占比显著降低。根据《中国证券登记结算统计年鉴》，2016年新增投资者数比2015年降低了27.36%，2017年新增投资者数比2016年降低了16.48%，散户投资者逐渐减少，同时外资连续缓慢流入，会对整个A股定价机制和波动率形成巨大的影响。散户交易者容易受市场情绪的影响，进入和退出市场的频率很高，所以造成很多股票的换手率很高，这样也容易导致市场的波动性过大。散户投资者受利空情绪影响卖出股票的时候，沪股通资金大量买入这些股票，那么这些股票波动的幅度比那些没有沪股通资金买入的股票要小。如果散户投资者受利好情绪影响大量买入股票，沪股通资金在此时卖出这些股票，会对这部分股票价格的急速上升形成一个对冲作用，使这部分股票的波动率减小。基于以上分析，得出假设 2。

假设 2：沪港通政策初期，大市值、低净资产收益率、高股息率、低换手率的组合波动率上升幅度更大；沪港通政策运行一年九个月后，沪股通组合的波动率都显著下降，大市值、高净资产收益率、高企业价值倍数、高股利获得率、高前期涨幅、低换手率组合的波动率降低得更多。

根据深交所发布的《2017 年个人投资者状况调查报告》，2017 年证券资产额度低于 50 万元的投资者占比 75.1%，同比下降约 2 个百分点。A 股市场以散户为主的特征容易导致市场的剧烈波动。2014 年 7 月 1 日，深圳成指为 7297 点，仅仅一年之后，深圳成指最高达到 18211.77 点，整体涨幅为 149.6%，而到达最高点仅仅三个月后，深圳成指降到 9290.82 点，降幅达到 48.98%。散户投资者容易受情绪的影响，投资偏好小盘股，不区分股票的盈利能力，甚至喜欢投资一些喜欢讲故事而业绩不好的亏损股票。深股通资金以机构投资者为主，投资行为理性，投资偏好大盘蓝筹股。深圳成指经过大幅下跌后，深股通资金月净流入额却达到最大值 156.5 亿元，而伴随着股票价格的上升，深股通资金的买入额却在不断减少，甚至大幅减持一些涨幅较高的股票，比如 2018 年 3 月 15 日，深股通资金卖出格力电器股票 4.11 亿元。在市场情绪低迷的时候，深股通资金选择买入，在市场情绪高昂的时候，深股通资金选择观望或卖出，这些行为与个体投资者行为恰好相反，有利于维护市场的稳定。由于深股通资金初期流入额度较大，容易导致相关股票的动量效应，一类散户投资者基于动量效应追涨买入股票，反而会促使这部分股票的波动性变大，于是市场上会出现部分深股通股票波动性变小、部分股票波动性变大的分层次效应。基于深股通的这些运行机制，提出假设 3。

假设 3：深股通资金初期的流入，会出现部分股票波动率变大和部分股票波动率变小的分层次效应，但深股通资金的流入能够有效降低相关样本总体的波动率，深股通资金对相关股票波动率的政策效应显著为负。

随着深股通资金流入额度越来越大，而深股通标的股票以中小盘股票居多，中小盘股票的流动性较差，大额资金的进入和退出会对这些股票的价格和波动性造成巨大冲击，所以深股通资金会选择流动性良好的股票买入。流动性好的股票以大盘股为主，五粮液、格力电器、美的集团、海康威视、平安银行等股票经常出现在深股通交易额前十名，进一步反映深股通资金偏好大盘优质蓝筹股。它们对这些股票的投资周期较长，在市场价格出现大幅下降的情形下始终能坚持对这些股票的持续买入，减缓这些股票的下降；而在这些股票价格出现大幅度上升的时候，深股通资金会有一定幅度的卖出，减缓这些股票的向上波动，总体上起到稳定股票波动性的作用。同时，以上这些股票还具有净资产收益率高、业绩较好的特点，与流动性差、净资产收益率低、净利润增长率低、可持续增长率低的股票相比，在深港通政策下，优质蓝筹股波动率下降的幅度更大。为此，提出假设4。

假设4：深股通资金偏好投资的股票波动率降低幅度更大，不受深股通资金投资的实验组股票波动率降低幅度小，甚至出现波动率升高。

第三节　研究设计

一、数据的选取

沪股通数据的时间为2011年11月17日至2017年12月29日，样本为187只沪股通交易标的，其中，187只股票是在此期间曾经进入沪股通成交额前十名的股票。相对于其余的沪股通股票而言，外资占这部分股票流通市值的比例较大，对这些股票的波动率产生的影响较大。由于外资的流入是渐进的，初期所占份额相对较小，因此笔者将沪港通开通后的样本区间分成三段，记第一段时间为2011年11月17日至2014年11月14日。第二段时间为2014年

11 月 17 日至 2016 年 8 月 30 日，定义为沪港通政策初期，此段时间外资总体呈现缓慢流入态势，占整个上证 A 股流通市值比例不高。第三段时间为 2016 年 9 月 1 日至 2017 年 12 月 29 日，定义为沪港通政策中期，此段时间，外资的流入已经对相应沪股通股票的波动性产生影响。在构造反事实波动率的过程中，187 只实验组股票对应 596 只控制组股票，每个实验组样本对应 15 只匹配样本。匹配组样本剔除：（1）ST 股；（2）调入后又被调出沪股通和深股通的股票；（3）2011 年 11 月 17 日之后上市的股票。

深股通数据的时间为 2011 年 12 月 5 日至 2017 年 12 月 29 日，在深港通政策推出前，A 股经历了大幅的上涨和大幅的下跌，波动性较大，为避免其他因素对波动率的影响，描述性统计的样本区间分为三段。第一段时间为深港通开通前 5 年；第二段时间为深港通开通前 1 年，具体时间为 2015 年 9 月 1 日至 2016 年 12 月 2 日；第三段时间为深港通开通后 1 年，具体时间为 2016 年 12 月 5 日至 2017 年 12 月 29 日。在初期，深股通共纳入 881 只股票，深股通资金对投资比重较小的股票波动率影响不大，所以选择 2016 年 12 月 5 日至 2017 年 12 月 29 日曾经进入深股通交易额前十名的标的股票，共有 107 只实验组股票。在构造反事实波动率的过程中，每个实验组样本对应 15 只匹配样本，107 只实验组股票对应的控制组样本有 476 只股票。匹配样本需要剔除：（1）ST 股；（2）调入后又被调出沪股通和深股通的股票；（3）2015 年 9 月 1 日后上市交易的股票。

样本波动率采用锐思数据库的 20 日简单移动平均日波动率，样本的 β 值、控制变量的月度数据来自锐思数据库，样本流通市值、陆股通交易额度、陆股通成交额前十名、陆股通股票调入调出数据来自 CSMAR 数据库。陆股通每只匹配标的的选取方法是以 CAPMβ 系数为标准，按照指标 $D_{ij} = \sum_{t=1}^{T} |\beta_{it} - \beta_{jt}|/T$ 由小到大排序，选定最小的 15 只股票作为第 i 只实验组股票所对应的控制组股票。

二、 变量定义

(一) 被解释变量：波动率

关于股票价格波动性的度量方法有很多，比如每个交易日股票价格的振幅、股票日收益率的标准差、市场模型或三因子模型的残差序列。这里选取 20 日简单移动平均波动率作为衡量波动率的指标。根据标的股票每天的价格 P_{it}，计算 $R_{it} = \ln(P_{it}/P_{it-1})$，记交易日的天数为 n，先计算出历史波动率 $\sigma_{it} = \sqrt{250}\sqrt{(R_{it}-\overline{R})^2/(n-1)}$，则波动率为 $V_{it} = (\sigma_{it-19} + \cdots + \sigma_{it})/20$。

(二) 解释变量：陆股通资金净额比率

为了消除个股成交量对沪股通资金的影响，笔者采用类似于 Huang 和 Wu (2009) 提出的方法，定义沪股通资金净额比率 = 沪股通资金流入净额/上海 A 股成交额，同理定义深股通资金净额比率 = 深股通资金流入净额/深圳 A 股成交额。

(三) 关键控制变量：融资余额比率与融券余额比率

笔者选取的沪股通标的股票，其中有 170 只为融资融券标的，融资融券股票占比达 90.91%。在股票价格大幅下跌的时候，融资资金的买入能够起到稳定股票价格的作用；在股票价格大幅上涨时，融资资金的获利卖出和融券资金的看空能降低市场热情，起到抑制股票过度反应的作用。融资融券资金对股票波动率的影响有三种可能结果：一是加大股票波动率 (王朝阳和王振霞，2017)；二是降低股票波动率 (陈海强和范云菲，2015)；三是对波动率没有影响 (王旻等，2008)。故需要将融资融券余额比率作为控制变量，其中，融资余额比率 = 融资资金余额/成交金额，融券余额比率 = 融券资金余额/成交金额。

各变量定义与说明见表 4.2。

表4.2　　　　　　　　　　　　变量定义与说明

变量		定义与说明
因变量	V	股票波动率，使用锐思数据库的 20 日简单移动平均波动率
解释变量	SHRATIO	沪股通资金净额比率 = 沪股通资金流入净额/上海 A 股成交额
	SZRATIO	深股通资金净额比率 = 深股通资金流入净额/深圳 A 股成交额
	MRATIO	融资余额比率 = 融资资金余额/成交金额
	SRATIO	融券余额比率 = 融券资金余额/成交金额
控制变量	INDEXF	股指期货变化率 = 沪深 300 指数收益率
	ROE	净资产收益率
	PB	市净率，为每股股价与每股净资产的比值
	LNCMV	流通市值的对数，为股票价格与流通股数的乘积的对数
	RETURN	股票当期收益率，为同期股票的累计收益率
	TURN	换手率，定义为成交额与流通市值的比值
其他变量	PCF	市现率 = 收盘价当期值/（经营活动产生的现金流量净额上年年报值/实收资本本期期末值）
	DR	普通股获利率 = 每股派现税后值/今收盘价本期值
	CVM	企业价值倍数 = 总市值/息税折旧摊销前收入
	NPGR	净利润增长率 =（净利润本年本期金额 – 净利润上年同期金额）/净利润上年同期金额
	SGR	可持续增长率 = 净资产收益率×收益留存率/（1 – 净资产收益率×收益留存率）

三、　实证模型

为了评价陆股通资金对相应股票波动率的影响，利用如下计量模型：

$$\hat{\Delta}_{it} = v_{it}^{1} - \hat{v}_{it}^{0} = \alpha + \beta SH + \delta Z_{it} + \varepsilon_{it} \qquad (4.6)$$

$$\hat{\Delta}_{it} = v_{it}^{1} - \hat{v}_{it}^{0} = \alpha + \beta SZ + \delta Z_{it} + \varepsilon_{it} \qquad (4.7)$$

其中，$\hat{\Delta}_{it}$ 为波动率差值的估计值，这里规定月波动率为日波动率的平均值。由于每只股票的流动性的差异，记 SH 为沪股通资金净额比率，SZ 为深股通资金净额比率，Z_{it} 为控制变量，分别为融资余额比率（MRATIO）、融券余额比率（SRATIO）、流通市值的对数（LNCMV）、净资产收益率（ROE）、月换手率

（TURN）、股票当期月收益率（RETURN）。

四、 描述性统计

表4.3的结果说明，在沪港通开通的初期，无论是实验组还是控制组，波动率的最小值、最大值、均值都出现了上升。原因是沪港通政策初期，外资占比较低，还不足以对A股形成显著的影响，同时股市的加杠杆行为也导致了股票的波动性变大。在沪港通开通时间足够长后，外资流入份额高，对部分股票的价格和波动率都有重要的影响，沪港通政策中期后，控制组和实验组股票波动率的最小值、最大值、均值也都出现明显的下降。那么这种现象是不是由沪股通资金造成的？结果还无法确定，市场上可能存在其他的因素对整个市场的波动率有同样的影响。进一步研究发现，不管是使用流通市值加权法还是使用等权重加权法，比较第三段时间和第二段时间的结果，实验组股票波动率的下降幅度比控制组的下降幅度要大，比如以流通市值加权为例，第三段时间相较于第二段时间，实验组波动率的均值下降了52.36%，控制组波动率的均值才下降了46.9%。

表4.4列出了深港通三个时间段的流通市值加权波动率和总市值加权波动率。同深港通正式实施交易前相比，深港通正式实施交易后，实验组和控制组的波动率均值、最小值、最大值都出现了明显的下降，深港通政策可能是造成相关样本的波动率降低的一个因素。对于实验组数据，深港通开通后的平均波动率比开通前一年的平均波动率降低了26.9663%，而控制组数据的平均波动率较开通前降低了38.3523%。中国证券市场存在显著的股价分层效应（顾海峰和张芮，2017），在主板维持相对稳定或者存在赚钱效应的时候，资金会从中小企业板和创业板转移到主板，导致小盘股流动性的缺失，成交量急剧减少，而控制组股票大多是中小盘股票，这些股票成交量的急剧下降使得其波动率呈现更明显的下降。

表4.5和表4.6分析了陆港通开通前后，实验组样本和控制组样本 β 值的

变化情况。沪港通政策初期，实验组和控制组的 β 值都显著变大；沪港通政策中期，实验组的 β 值显著降低，而控制组的 β 值显著变大。资本市场开放初期，由于市场自身的原因和沪股通资金的加速涌入，股票市场的风险在加剧，而当沪股通资金形成一定的积淀后，对相应实验组股票的影响更加显著，降低了相关股票的系统性风险，而控制组股票由于散户参与者较多，系统性风险还在不断地加剧。深港通由于开通时间较晚，散户投资者数量急剧减少，投资者经历股票市场的大幅震荡后，投资行为更加理性，所以深港通政策后，不管是以流通市值加权还是以总市值加权，实验组样本和控制组样本的 β 值都显著变小。

综上所述，我们初步认为这是陆股通资金对市场产生的影响，即长期而言，陆港通的开通有效地降低了市场的波动，有利于证券市场的稳定。

表4.3　　　　　　　　　　沪股通股票波动率的描述性统计

流通市值加权					
实验组			控制组		
最小值	均值	最大值	最小值	均值	最大值
2011.11.17—2014.11.14					
0.0064	0.0147	0.0608	0.0089	0.0244	0.0678
2014.11.17—2016.8.30					
0.0139	0.0275	0.0643	0.0194	0.0403	0.0758
2016.9.1—2017.12.29					
0.0049	0.0131	0.0454	0.0057	0.0214	0.0622
等权重加权					
实验组			控制组		
最小值	均值	最大值	最小值	均值	最大值
2011.11.17—2014.11.14					
0.0064	0.0212	0.0617	0.0088	0.0248	0.0688
2014.11.17—2016.8.30					
0.0132	0.0337	0.0634	0.0192	0.0396	0.0751
2016.9.1—2017.12.29					
0.0048	0.0160	0.0453	0.0057	0.0210	0.0622

表4.4　　　　　　　　　深股通股票波动率的描述性统计

流通市值加权					

项目	实验组最小值	均值	最大值	控制组最小值	均值	最大值
2011.12.5—2016.12.2	0.0126	0.0251	0.0552	0.0143	0.0296	0.0738
2015.9.1—2016.12.2	0.0109	0.0267	0.0581	0.0161	0.0352	0.0744
2016.12.5—2017.12.29	0.0061	0.0195	0.0510	0.0059	0.0217	0.0640

总市值加权

项目	实验组最小值	均值	最大值	控制组最小值	均值	最大值
2011.12.5—2016.12.2	0.0126	0.0255	0.0553	0.0143	0.0302	0.0736
2015.9.1—2016.12.2	0.0110	0.0271	0.0583	0.0160	0.0356	0.0744
2016.12.5—2017.12.29	0.0061	0.0196	0.0510	0.0060	0.0218	0.0640

表4.5　　　　　　　　沪股通股票 β 值的描述性统计

流通市值加权

项目	实验组最小值	均值	最大值	控制组最小值	均值	最大值
2011.11.17—2014.11.14	0.7981	0.9056	1.0214	0.9169	1.1165	1.3658
2014.11.17—2016.8.30	0.8325	1.0471	1.2192	0.7171	1.1064	1.3572
2016.9.1—2017.12.29	0.4413	0.7795	0.9458	0.9511	1.2334	1.5268

续表

总市值加权					
实验组			控制组		
最小值	均值	最大值	最小值	均值	最大值
2011.11.17—2014.11.14	0.7841	0.9131	1.0266	0.9362	1.1141	1.3498
2014.11.17—2016.8.30	0.8520	1.0420	1.2008	0.7314	1.1033	1.3452
2016.9.1–2017.12.29	0.4567	0.7905	0.9602	0.9495	1.2190	1.5056

表4.6　　　　　　　　深股通股票 β 值的描述性统计

流通市值加权					
实验组			控制组		
最小值	均值	最大值	最小值	均值	最大值
2015.9.1—2016.12.2	0.7330	0.8178	0.9390	1.0114	1.1348	1.2537
2016.12.5—2017.12.29	0.6184	0.8042	1.1159	1.0034	1.1284	1.2492
总市值加权					
实验组			控制组		
最小值	均值	最大值	最小值	均值	最大值
2015.9.1—2016.12.2	0.7625	0.8355	0.9363	0.8816	1.1977	1.3974
2016.12.5—2017.12.29	0.6748	0.8252	1.1200	0.8796	1.1876	1.4041

第四节　实证检验和分析

一、陆股通个股的反事实波动率

(一) 沪股通个股的反事实波动率

使用 (4.4) 式，利用控制组股票在沪港通开通后的波动率数据，估算实验组股票在沪港通没有开通的情况下的波动率，挑选数据比较完整的两只证券进行计算，得出图4.2。从图4.2中我们可以看出，在沪港通政策出台前，用反事实评估方法估计出的波动率与真实波动率比较吻合。在沪港通政策出台后，拟合的图像出现两种结果：一种结果类似于贵州茅台，在沪港通推出后，反事实波动率始终在真实波动率的上方，意味着沪港通政策的推出降低了贵州茅台的波动率；另一种结果类似于和邦生物，在政策推出的初期，和邦生物的真实波动率在反事实波动率之上，即沪港通政策初期，和邦生物的波动率显著变大，在沪港通实施运行一年九个月后，和邦生物的真实波动率在反事实波动率的下方，意味着在没有其他因素的影响下，沪港通政策降低了和邦生物的波动率。造成上述结果的原因是多方面的，2013年至2014年，券商放松了融资融券账户的开户标准，由账户总资产50万元变更为10万元，有的券商甚至对账户总资产没有设置要求，而这些融资资金对股票波动率的影响很大。同时，沪港通实施交易当日，沪股通资金净流入额达到上限值130亿元，这些因素都可能导致股票的大幅波动。2015年6月，证监会开始监管融资融券，沪股通资金大幅流出，同时股市出现了大幅下跌，使总体的波动率变大，而在沪港通交易一段时期后，这些不利因素已经消除，沪港通的运行也很平稳。综上所述，从长期的角度看，由图4.2可以直观确定，沪港通政策降低了沪股通股票的波动率。

图4.2只是直观的图形，实验组股票共有187只，两种类型的股票在后期波动率都变小，需要进一步确定这个结果是否显著。表4.7列出了187只股票在第二个时间段和第三个时间段的真实波动率和反事实波动率均值的差值和T检验结果。笔者统计这187个样本发现，沪港通政策初期，47个样本的波动率显著降低，125个样本的波动率显著升高，15个样本的波动率变化不显著。2016年9月1日至2017年12月29日，187个样本中有46个样本的波动率是显著升高的，132个样本的波动率是下降的（其中有125个样本的波动率是显著下降的）。综合表4.7的结果，沪港通政策会对A股的波动率形成影响，从

短期来看，由于沪股通资金的大量流入，沪港通政策会显著加大 A 股的波动率，从长期来看，它会显著降低 A 股的波动率。沪股通资金大多是国外的机构资金，它们偏好价值投资，买入股票后会长时间持有股票。在初期，它们的快速买入会加大股票的波动性，但后期这部分资金会长期持股，从而导致相关股票波动率的下降。

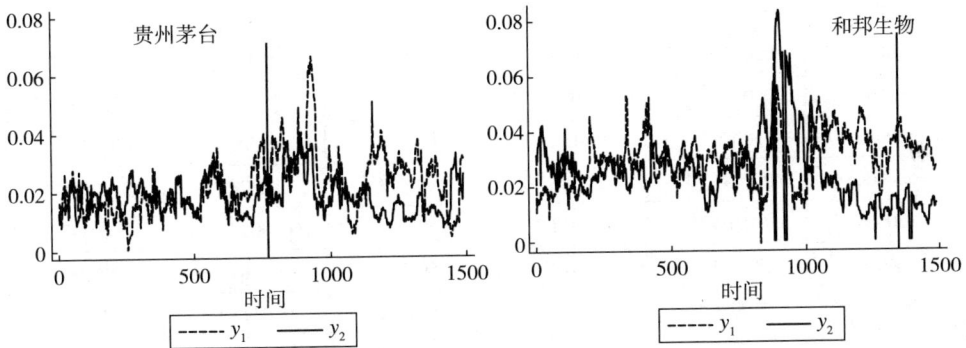

注：y_1 用虚线绘制，表示的是实验组股票的反事实波动率；y_2 用实线绘制，表示的是实验组股票的真实波动率。时间轴 0 表示时间 2011 年 11 月 17 日，时间轴终点为 2017 年 12 月 29 日，图形中间的竖线表示沪港通开通的时间。

图 4.2 部分实验组股票的反事实波动率

表 4.7　　　　　　　沪港通开放后真实波动率与反事实波动率的对比

证券代码	均值差 1	均值差 2	证券代码	均值差 1	均值差 2
600000	− 0.0207 ***	− 0.0106 ***	600649	− 0.0057 ***	− 0.0032 ***
600004	0.0053 ***	0.0007	600655	0.0048 ***	− 0.0088 ***
600008	0.0061 ***	− 0.0045 ***	600660	− 0.0002	0.0007 **
600009	0.0035 ***	0.0007	600662	0.0019 **	− 0.0032 ***
600010	− 0.0025 ***	− 0.0096 ***	600663	0.0006	− 0.0016 ***
600011	0.0087 ***	− 0.0080 ***	600666	0.0176 ***	− 0.0040 ***
600015	0.0056 ***	0.0014 ***	600667	0.0021 **	− 0.0115 ***
600016	− 0.0021 ***	− 0.0110 ***	600687	− 0.0112 ***	− 0.0017 ***
600019	0.0218 ***	0.0079 ***	600690	0.0107 ***	− 0.0075 ***

续表

证券代码	均值差1	均值差2	证券代码	均值差1	均值差2
600028	0.0052 ***	− 0.0031 ***	600699	0.0129 ***	− 0.0134 ***
600029	0.0236 ***	0.0043 ***	600703	− 0.0098 ***	− 0.0041 ***
600030	0.0106 ***	− 0.0109 ***	600704	0.0051 ***	− 0.0022 ***
600031	− 0.0007	0.0016 ***	600705	− 0.1156 ***	− 0.0504 ***
600036	− 0.0049 ***	− 0.0019 ***	600711	0.0094 ***	− 0.0064 ***
600037	0.0116 ***	− 0.0105 ***	600718	0.0037 ***	− 0.0213 ***
600038	0.0079 ***	− 0.0031 ***	600739	0.0087 ***	0.0032 ***
600048	0.0035 ***	− 0.0037 ***	600741	0.0117 ***	− 0.0039 ***
600050	0.0079 ***	0.0121 ***	600748	− 0.0050 ***	− 0.0246 ***
600066	0.0091 ***	0.0085 ***	600756	0.0078 ***	0.0051 ***
600068	0.0104 ***	0.0054 ***	600761	0.0027 ***	0.0024 ***
600079	− 0.0030 ***	− 0.0135 ***	600776	− 0.0017 ***	− 0.0009 *
600086	0.0020 **	− 0.0140 ***	600795	0.0113 ***	0.0021 ***
600100	0.0167 ***	− 0.0046 ***	600804	− 0.0064 ***	0.0028 ***
600104	0.0089 ***	− 0.0006 **	600816	0.0167 ***	− 0.0071 ***
600109	0.0010	− 0.0314 ***	600820	0.0054 ***	− 0.0024 ***
600111	0.0059 ***	− 0.0273 ***	600831	0.0243 ***	0.0067 ***
600115	0.0149 ***	− 0.0026 ***	600837	0.0041 ***	− 0.0157 ***
600118	0.0035 ***	− 0.0130 ***	600845	− 0.0019 **	− 0.0130 ***
600122	0.0096 ***	− 0.0017 ***	600867	0.0112 ***	− 0.0061 ***
600125	0.0069 ***	0.0021 ***	600872	− 0.0029 **	− 0.0001
600138	− 0.0015 **	− 0.0088 ***	600874	0.0131 ***	0.0068 ***
600158	0.0021 **	0.0042 ***	600881	0.0201 ***	0.0022 ***
600171	− 0.0007	0.0104 ***	600886	0.0011 *	− 0.0044 ***
600172	0.0087 ***	0.0030 ***	600887	− 0.0055 ***	− 0.0043 ***
600176	0.0045 ***	0.0012 ***	600893	− 0.0088 ***	− 0.0010 **
600183	0.0108 ***	0.0045 ***	600895	0.0127 ***	− 0.0052 ***
600196	− 0.0117 ***	− 0.0098 ***	600900	0.0080 ***	− 0.0051 ***
600216	0.0110 ***	0.0017 ***	600988	0.0128 ***	− 0.0021 **
600219	0.0136 ***	0.0022 ***	600999	0.0095 ***	− 0.0122 ***
600240	− 0.0026 ***	− 0.0117 ***	601000	0.0118 ***	− 0.0056 ***

续表

证券代码	均值差 1	均值差 2	证券代码	均值差 1	均值差 2
600256	− 0. 0058 ***	− 0. 0106 ***	601001	0. 0061 ***	0. 0103 ***
600261	− 0. 0071 ***	− 0. 0045 ***	601006	0. 0022 ***	− 0. 0078 ***
600270	0. 0009	− 0. 0039 ***	601009	0. 0053 ***	− 0. 0047 ***
600271	− 0. 0039 ***	− 0. 0044 ***	601012	− 0. 0153 ***	0. 0011
600276	0. 0003	− 0. 0181 ***	600884	− 0. 0017 *	0. 0137 ***
600282	0. 0057 ***	0. 0076 **	600885	− 0. 0013 *	− 0. 0088 ***
600289	0. 0128 ***	0. 0023 ***	601088	0. 0091 ***	0. 0006
600298	− 0. 0032 ***	0. 0056 ***	601098	0. 0019 ***	− 0. 0099 ***
600309	0. 0038 ***	0. 0092 ***	601099	− 0. 0026 ***	− 0. 0108 ***
600312	− 0. 0006 **	− 0. 0132 ***	601166	− 0. 0177 ***	− 0. 0108 ***
600315	− 0. 0086 ***	− 0. 0152 ***	601169	0. 0035 ***	− 0. 0104 ***
600340	− 0. 0076 ***	− 0. 0155 ***	601186	0. 0141 ***	0. 0001
600343	0. 0112 ***	− 0. 0071 ***	601231	− 0. 0065 ***	− 0. 0056 ***
600352	0. 0009	− 0. 0190 ***	601233	0. 0049 ***	0. 0007
600362	0. 0038 ***	0. 0007	601238	0. 0001	− 0. 0011 ***
600369	0. 0075 ***	− 0. 0167 ***	601288	0. 0025 **	− 0. 0049 ***
600372	0. 0085 ***	− 0. 0134 ***	601311	0. 0027 ***	− 0. 0020 ***
600380	− 0. 0494 ***	− 0. 0201 ***	601318	0. 0029 ***	− 0. 0071 ***
600383	− 0. 0142 ***	− 0. 0210 ***	601328	0. 0080 ***	− 0. 0050 ***
600398	− 0. 0003	− 0. 0031 ***	601336	0. 0050 ***	− 0. 0062 ***
600406	0. 0066 ***	− 0. 0060 ***	601377	0. 0093 ***	− 0. 0148 ***
600410	0. 0128 ***	0. 0027 ***	601390	0. 0133 ***	− 0. 0014 ***
600415	0. 0227 ***	− 0. 0014 ***	601398	0. 0060 ***	0. 00003
600446	0. 0117 ***	0. 0108 ***	601515	− 0. 0066 ***	0. 0012 ***
600482	0. 0003	− 0. 0005	601555	0. 0131 ***	− 0. 0174 ***
600485	− 0. 0133 ***	− 0. 0083 ***	601600	0. 0102 ***	0. 0038 ***
600487	0. 0179 ***	0. 0067 ***	601601	− 0. 0019 **	0. 0015 ***
600489	0. 0038 ***	− 0. 0079 ***	601628	− 0. 0022 ***	0. 0013 ***
600497	0. 0096 ***	0. 0032 ***	601633	0. 0102 ***	− 0. 0046 ***
600498	0. 0055 ***	− 0. 0013 ***	601668	0. 0070 ***	0. 0049 ***
600500	0. 0124 ***	− 0. 0098 ***	601669	0. 0189 ***	0. 0042 ***

续表

证券代码	均值差 1	均值差 2	证券代码	均值差 1	均值差 2
600503	0.0171 ***	0.0026 ***	601688	0.0118 ***	− 0.0066 ***
600516	0.0107 ***	0.0059 ***	601727	0.0179 ***	− 0.0021 ***
600518	0.0029 ***	− 0.0053 ***	601766	0.0105 ***	− 0.0076 ***
600519	− 0.0065 ***	− 0.0010 ***	601777	0.0136 ***	− 0.0033 ***
600435	− 0.0168 ***	− 0.0198 ***	601788	0.0093 ***	− 0.0203 ***
600522	0.0079 ***	− 0.0015 ***	601800	0.0206 ***	0.0091 ***
600535	0.0197 ***	0.0102 ***	601801	0.0092 ***	− 0.0061 ***
600536	− 0.0055 ***	− 0.0385 ***	601818	0.0052 ***	− 0.0025 ***
600547	0.0198 ***	− 0.0054 ***	601857	0.0132 ***	− 0.0006
600549	0.0006	0.0020 ***	601877	− 0.0033 ***	− 0.0147 ***
600559	0.0062 ***	− 0.0017	601899	0.0089 ***	− 0.0081 ***
600562	− 0.0062 ***	− 0.0029 ***	601901	0.0006	− 0.0036 ***
600563	0.0090 ***	− 0.0020 ***	601919	0.0111 ***	0.0033 ***
600570	0.0006	− 0.0049 ***	601933	− 0.0096 ***	− 0.0004
600583	0.0010 **	− 0.0054 ***	601939	0.0055 ***	− 0.0042 ***
600584	0.0119 ***	− 0.0011 **	601988	0.0104 ***	− 0.0025 ***
600585	0.0019 ***	− 0.0052 ***	601989	0.0030 ***	− 0.0001
600600	0.0004	− 0.0090 ***	601992	0.0050 ***	0.0004
600606	− 0.0038 ***	− 0.0054 ***	601998	0.0032 ***	− 0.0034 ***
600611	− 0.0019 *	− 0.0261 ***	603000	0.0025 ***	− 0.0089 ***
600637	− 0.0043 ***	− 0.0059 ***	603077	0.0051 ***	− 0.0214 ***
600642	0.0085 ***	− 0.0049 ***	603766	0.0061 ***	− 0.0063 ***
600643	0.0106 ***	0.0010			

注：*、**、***分别表示在10%、5%和1%水平上显著，它们为配对样本 t 检验的结果。均值差 1 表示 2014 年 11 月 17 日至 2016 年 8 月 31 日真实波动率与反事实波动率的均值的差，均值差 2 表示 2016 年 9 月 1 日至 2017 年 12 月 29 日真实波动率与反事实波动率的均值的差。

（二）深股通个股的反事实波动率

笔者使用（4.4）式，利用控制组股票在深港通开通后的波动率数据，估算实验组股票在假定深港通没有开通的情况下的波动率，即估算出反事实波动率，根据实证结果，笔者选取两种基本类型股票的结果画出图 4.3。图 4.3 的结果显示，深港通政策实施前，对平安银行和中金岭南估计出的反事实波动率与真实波动率几乎重合，表明面板数据政策评估方法估算精确，与实际情况较为吻合。深港通政策实施后，反事实波动率出现了两种截然不同的形式，一种情形是反事实波动率大部分处在真实波动率的上方，如中金岭南，说明深港通政策的推出降低了中金岭南的波动率。深股通资金投资者不同于散户投资者，他们买卖股票的频率相对较低，2016 年，中金岭南的年换手率为 567.69%，2017 年，它的换手率急剧下降为 64.78%。换手率的急剧降低与深股通资金的流入有关，进一步印证了深股通资金的影响。另一种情形类似于平安银行，真实波动率在反事实波动率的上方，意味着在没有其他因素的影响下，深港通政策加大了平安银行的波动率。截至 2017 年 12 月 31 日，香港中央结算共持有48.15 亿元平安银行股票，在深港通开通一年内，深股通资金买入了平安银行2.16% 的流通股票，由于深股通资金一般会较长时间持有买入的股票，故短期的大量买入导致了平安银行价格的大幅上涨，从而使相应的波动率变大。

综上所述，反事实政策评估方法对深股通股票拟合情况较好，从图形上直观分析，深港通政策实施后相关股票的波动率变化效应显著。

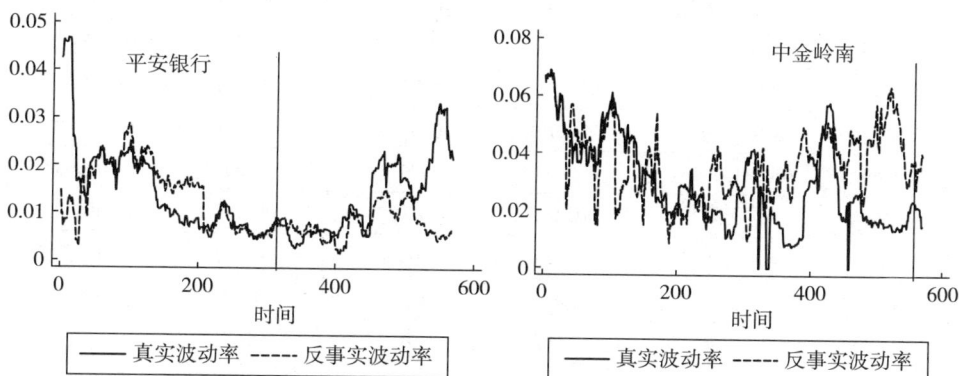

注：时间轴 0 表示时间 2015 年 9 月 1 日，时间轴终点为 2017 年 12 月 29 日，

图形中间的竖线表示深港通开通的时间。

图 4.3　部分实验组股票的反事实波动率与真实波动率

表 4.8 列出了 107 只股票在深港通正式交易后的真实波动率和反事实波动率均值的差值和 T 检验结果。其中有 100 个样本的结果是显著的，只有 7 个样本的均值差是不显著的。在 100 个显著的样本中，有 51 只股票在深港通政策推出后，反事实波动率显著大于真实波动率，即这部分股票的波动率显著下降，另外 49 只股票的均值差为正，反事实波动率显著小于真实波动率，即这部分股票的波动率显著上升。综合表 4.8 的结果，深港通政策会对 A 股的波动率形成显著性影响，波动率显著降低的股票稍多于波动率显著上升的股票。

表 4.8　　　　　深港通运行后真实波动率与反事实波动率的对比

证券代码	均值差	证券代码	均值差	证券代码	均值差
000001	0.0053 ***	000503	0.0167 ***	002179	− 0.0170 ***
000661	− 0.0050 ***	000963	0.0051 ***	002468	− 0.0112 ***
000002	− 0.0202 ***	000519	− 0.0028 ***	002230	− 0.0121 ***
000671	0.0040 ***	000983	− 0.0015 ***	002470	− 0.0051 ***
000039	0.0091 ***	000528	0.0034 ***	002233	0.0199 ***
000687	− 0.0677 ***	000999	− 0.0041 ***	002475	0.0045 ***
000050	0.0107 ***	000538	− 0.0049 ***	002236	0.0036 ***
000709	0.0066 ***	002007	− 0.0069 ***	002477	− 0.0087 ***
000060	− 0.0128 ***	000568	0.0033 ***	002241	− 0.0028 ***
000725	0.0044 ***	002008	0.0059 ***	002484	0.0053 ***
000062	− 0.0071 ***	000581	0.0015 ***	002251	− 0.0011
000729	− 0.0009 ***	002019	− 0.0069 ***	002497	0.0110 ***
000063	0.0137 ***	000600	0.0090 ***	002252	− 0.0002
000768	0.0034 ***	002022	0.0018 ***	002508	0.0047 ***
000069	− 0.0110 ***	000625	− 0.0009 ***	002268	− 0.0123 ***
000776	− 0.0041 ***	002024	− 0.0149 ***	002572	0.0097 ***
000089	0.0012 ***	000651	− 0.0172 ***	002271	0.0057 ***
000778	0.0183 ***	002027	− 0.0088 ***	002583	0.0038 ***
000099	0.0059 ***	002028	0.0004	002273	− 0.0154 ***
000792	0.0029 ***	002405	− 0.0131 ***	002589	0.0060 ***
000100	− 0.0073 ***	002032	0.0077 ***	002281	0.0009

续表

证券代码	均值差	证券代码	均值差	证券代码	均值差
000839	− 0. 0082 ***	002408	− 0. 0111 ***	002594	0. 0013 **
000157	0. 0030 ***	002043	− 0. 0088 ***	002299	0. 0016 **
000858	0. 0052 ***	002415	0. 0059 ***	002602	− 0. 0206 ***
000166	− 0. 0057 ***	002050	0. 0033 ***	002304	0. 0076 ***
000860	− 0. 0049 ***	002422	0. 0022 ***	002635	0. 0022 ***
000333	0. 0044 ***	002074	− 0. 0119 ***	002310	0. 0010 **
000895	− 0. 0008 **	002437	− 0. 0365 ***	002670	0. 0104 ***
000338	0. 0037 ***	002108	− 0. 0159 ***	002352	− 0. 0134 ***
000898	0. 0026 ***	002450	− 0. 0006	002736	− 0. 0109 ***
000418	− 0. 0021 ***	002142	− 0. 0011 **	002384	− 0. 0163 ***
000917	− 0. 0100 ***	002456	− 0. 0023 ***	002739	0. 0054 ***
000423	− 0. 0008 **	002143	− 0. 0289 ***	002390	− 0. 0269 ***
000933	0. 0007	002460	0. 0022 **	002745	− 0. 0046 ***
000425	0. 0057 ***	002176	− 0. 0077 ***	002399	0. 0020 **
000937	− 0. 0000	002466	− 0. 0115 ***		

注：＊、＊＊、＊＊＊ 分别表示在 10%、5% 和 1% 水平上显著，它们为配对样本 t 检验的结果。均值差表示 2016 年 12 月 5 日至 2017 年 12 月 29 日真实波动率与反事实波动率的均值的差。

二、 不同组合的反事实波动率

（一）沪股通样本总体的反事实波动率

以 187 只股票为组合的总体，考查此总体在第二段时间和第三段时间波动率的变化情况，我们分别以流通市值加权法和总市值加权法对反事实波动率和真实波动率进行加权，得到图 4.4。从图 4.4 中可以看出，在 2016 年 9 月 1 日之前，总体组合的真实波动率都在反事实波动率的上方，在 2016 年 9 月 1 日之后，总体组合真实波动率都在反事实波动率的下方，即表明沪港通政策初期，总体的波动率显著变大，沪港通政策中期，总体的波动率显著变小。具体计算加权后的波动率的差，并进行 T 检验，结果如表 4.9 所示。

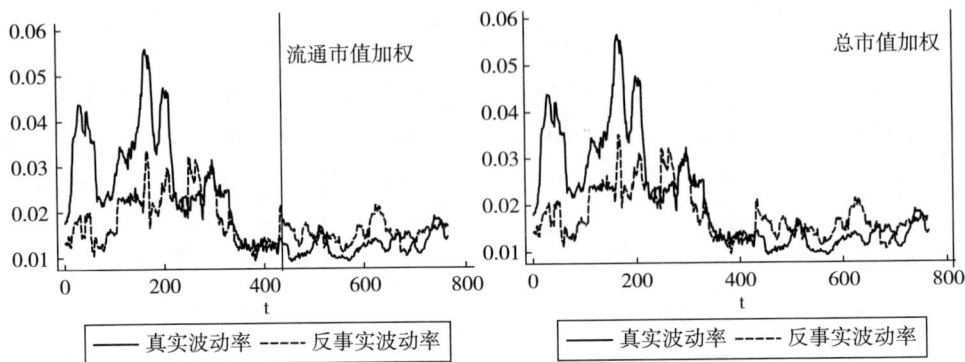

注：实线表示的是实验组股票加权后的真实波动率，虚线表示的是实验组股票加权后的反事实波动率。时间轴0表示2014年11月17日，时间轴终点为2017年12月29日，图形中间的竖线表示2016年9月1日。

图4.4　加权总体的反事实波动率与真实波动率

表4.9　　　　　　　　　沪股通标的总体的波动率 t 检验

	日波动率流通市值加权			日波动率总市值加权		
	均值差	t 值	p 值	均值差	t 值	p 值
2014.11.17—2016.8.31	0.0077	16.8978	0.0000	0.0071	16.3740	0.0000
2016.9.1—2017.12.31	−0.0024	−14.2976	0.0000	−0.0025	−15.2470	0.0000

注：均值差表示相应组合加权平均真实波动率与加权平均反事实波动率的差。

　　从表4.9的结果看，两种加权结果都得出，沪港通政策推出初期，总体组合的真实波动率显著大于反事实波动率，即总体组合的波动率显著变大。大量外资的流入引起了指数的大幅上涨，而在股市去杠杆时，外资的大量流出导致了指数的进一步加速下跌，从而使相关股票的波动率变大。在沪港通政策推出一年九个月后，总体组合的真实波动率都显著小于反事实波动率，即沪港通政策对总体产生了显著的负效应，长期而言，沪港通政策显著降低了相应股票的波动率。

（二）深股通样本总体的反事实波动率

构建以这 107 只股票为组合的总体，考虑这个总体的波动率的变化，分别以流通市值加权法和总市值加权法对反事实波动率和真实波动率进行加权，计算加权后的波动率的差，计算结果见表 4.10。从表 4.10 的结果看，不管使用流通市值加权还是总市值加权，总体的真实波动率都显著小于反事实波动率，而反事实波动率表示的是没有政策发生时总体的波动率，故深港通政策对总体产生了显著的负效应，即深港通政策显著降低了相应股票市场的波动率，支持假设 3。

表 4.10　　　　　　　　　深股通标的总体的波动率 t 检验

	日波动率流通市值加权			日波动率总市值加权		
2016.12.5—2017.12.29	均值差	t 值	p 值	均值差	t 值	p 值
	-0.0011	-4.0162	0.0000	-0.0018	-7.9611	0.0000

注：均值差表示相应组合加权平均真实波动率与加权平均反事实波动率的差。

（三）沪股通不同指标组合的反事实波动率

为了进一步检验沪港通政策初期大多数股票波动率变大，沪港通政策中期大多数股票波动率变小的特性，以这些股票在 2014 年的流通市值、净资产收益率、企业价值倍数、普通股获利率、股票一年的累计收益率、换手率从大到小进行排序，将排在前 60 名的作为第一组，称为高值指标组合，将排在后 60 名的作为第三组，称为低值指标组合，中间的 67 名为中间值组合。将各个组合的反事实波动率和真实波动率分别用流通市值加权和总市值加权进行计算，对比各个不同组合的差值，得出表 4.11 和表 4.12。

表 4.11　　　不同组合的均值差比较（2014.11.17—2016.08.31）

	流通市值加权					
	CMV	ROE	CVM	DR	RETURN	TURN
（1）	0.0072 ***	0.0009 ***	0.0009 ***	0.0061 ***	0.0020 ***	0.0004 ***
	(17.4048)	(18.0400)	(13.9829)	(17.3524)	(16.1271)	(18.1312)

续表

	CMV	ROE	CVM	DR	RETURN	TURN
流通市值加权						
(2)	0.0006 ***	0.0016 ***	− 0.0001 ***	0.0008 ***	0.0051 ***	0.0001
	(10.9488)	(11.3338)	(− 2.3679)	(9.7738)	(16.0528)	(0.9118)
(3)	0.0000 *	0.0053 ***	0.0070 ***	0.0007 ***	0.0006 ***	0.0073 ***
	(1.4138)	(18.1582)	(18.8469)	(18.0111)	(12.4968)	(19.2371)
(1) − (3)	0.0071 ***	− 0.0044 ***	− 0.0061 ***	0.0056 ***	0.0014 ***	− 0.0069 ***
	(17.3918)	(− 16.6108)	(− 17.8400)	(16.4511)	(14.3392)	(− 18.8080)
总市值加权						
(1)	0.0067 ***	0.0007 ***	0.0008 ***	0.0058 ***	0.0018 ***	0.0004 ***
	(17.3505)	(14.8559)	(12.7265)	(17.2948)	(14.5200)	(14.6195)
(2)	0.0006 ***	0.0016 ***	− 0.0002 ***	0.0001 ***	0.0047 ***	− 0.0001
	(10.5574)	(11.1590)	(− 3.9296)	(10.1230)	(15.9110)	(− 0.7247)
(3)	− 0.0001 ***	0.0049 ***	0.0066 ***	0.0005 ***	0.0007 ***	0.0069 ***
	(− 7.7603)	(18.1928)	(18.4973)	(13.0083)	(12.8964)	(19.2940)
(1) − (3)	0.0068 ***	− 0.0042 ***	− 0.0059 ***	0.0054 ***	0.0012 ***	− 0.0065 ***
	(17.7815)	(− 17.4099)	(− 17.4448)	(17.0129)	(12.0804)	(− 19.2064)

注：表中（1）−（3）分别表示按照流通市值（CMV）、净资产收益率（ROE）、企业价值倍数（CVM）、普通股获利率（DR）、一年的累计收益率（RETURN）、换手率（TURN）从大到小的组合。

*、**、***分别表示在10%、5%和1%水平上显著，括号里表示 t 值。

表4.12　　　　不同组合的均值差比较（2016.09.01—2017.12.29）

	CMV	ROE	CVM	DR	RETURN	TURN
流通市值加权						
(1)	− 0.0020 ***	− 0.0008 ***	− 0.0011 ***	− 0.0012 ***	− 0.0009 ***	− 0.0004 ***
	(− 11.8021)	(− 38.9323)	(− 45.3369)	(− 7.4656)	(− 27.0521)	(− 31.5713)
(2)	− 0.0003 ***	− 0.0012 ***	− 0.0008 ***	− 0.0005 ***	− 0.0009 ***	− 0.0009 ***
	(− 14.9577)	(− 24.9473)	(− 22.5357)	(− 15.8991)	(− 5.4631)	(− 32.2256)
(3)	− 0.0002 ***	− 0.0004 ***	− 0.0005 ***	− 0.0007 ***	− 0.0006 ***	− 0.0011 ***
	(− 16.8472)	(− 2.9178)	(− 3.3660)	(− 41.8417)	(− 25.3324)	(− 6.6938)
(1) − (3)	− 0.0018 ***	− 0.0004 ***	− 0.0005 ***	− 0.0004 ***	− 0.0003 ***	0.0007 ***
	(− 10.9577)	(− 2.7892)	(− 3.5094)	(− 2.7615)	(− 8.4554)	(4.3441)

续表

	总市值加权					
	CMV	ROE	CVM	DR	RETURN	TURN
(1)	-0.0020 ***	-0.0008 ***	-0.0011 ***	-0.0012 ***	-0.0009 ***	-0.0004 ***
	(-12.3076)	(-36.4954)	(-46.2995)	(-8.0551)	(-28.0839)	(-29.8923)
(2)	-0.0003 ***	-0.0012 ***	-0.0008 ***	-0.0004 ***	-0.0009 ***	-0.0009 ***
	(-16.8350)	(-25.1932)	(-23.5536)	(-15.0773)	(-5.9266)	(-31.0588)
(3)	-0.0002 ***	-0.0004 ***	-0.0006 ***	-0.0008 ***	-0.0006 ***	-0.0011 ***
	(-8.2535)	(-3.4406)	(-3.9044)	(-39.7363)	(-24.6816)	(-7.2110)
(1) - (3)	-0.0018 ***	-0.0004 ***	-0.0005 ***	-0.0004 ***	-0.0004 ***	0.0007 ***
	(-11.0737)	(-2.7877)	(-3.1469)	(-2.8825)	(-10.2397)	(4.5399)

注：同表 4.11。

　　从表 4.11 的结果可以发现，以流通市值进行加权时，除企业价值倍数中间值组合和换手率中间值组合外，其余组合的真实波动率与反事实波动率之差都显著为正值，即真实波动率显著大于反事实波动率。在沪港通政策初期，以流通市值加权的所有指标显示沪股通标的的波动率显著变大，且大市值、低净资产收益率、低企业价值倍数、高股息率、低换手率的组合波动率变动更大。沪股通资金为了快速买入 A 股，初期大量资金的涌入助推了股价的加速上涨，从而使得这部分标的的波动性更大。创业板指数从 2015 年 1 月 5 日的 1464.77 点上涨至 2015 年 6 月 5 日的 3885.83 点，以散户为主的动量交易者大量买入股票，加大了股票的波动率，这些投资者信息获取能力和研究能力较弱，投资偏好小盘、业绩差的股票，投资行为上具有极强的羊群效应，从而导致低净资产收益率和低企业价值倍数组合的波动率变得更大。沪股通资金偏好高股息股票，沪港通开通初期，沪股通资金的快速流入加大了高股息率股票的波动性。综合表 4.11 的结果，在沪港通正式交易初期，以流通市值加权的沪股通标的所有组合的波动率都出现不同程度的上升，沪股通资金对高股利获得率的股票造成了显著的正效应，对股票价格和波动率的变动都起到了推升作用。

　　表 4.12 是沪港通正式交易一段时间后的反事实波动率结果，结果显示不

管是流通市值加权还是总市值加权得到的组合，真实波动率都显著小于反事实波动率，即沪股通标的的波动率出现显著的下降。大市值、高净资产收益率、高企业价值倍数、高股息率、高累计收益率、低换手率组合的波动率降低得更多。沪股通资金来源于境外机构，这些机构投资者偏好投资大市值、增长率稳定、高股息率股票，他们投资这些股票的期限是长期的，买入股票后会长时间持有股票，使这部分股票换手率变低，所以低换手率股票组合的波动率降低幅度更大。综合表4.12的结果，沪港通正式交易一段时间后，沪股通资金持续买入部分股票，使这部分资金占这些股票流通股份的比例不断提高，沪股通资金对这些股票的波动率开始产生显著的负效应，即沪股通资金从中期而言，有效地降低了相应股票的波动率，支持假设2。

（四）深股通不同指标构造组合的反事实波动率

深股通面向的投资者是外资机构投资者，外资机构投资者喜欢大市值、高分红的蓝筹股。基于这个特征，笔者将样本按照流通市值、净资产收益率、累计涨幅、市盈率、市现率、净利润增长率、可持续增长率进行分组，其中第一组和第三组有36只股票，第二组有35只股票。将不同组合以流通市值加权后的真实波动率与反事实波动率作差，具体结果见表4.13。

从表4.13的结果看，大流通市值和小流通市值的组合波动率都出现了显著的下降，但大流通市值的股票波动率下降的幅度更大；净资产收益率高的股票波动率出现下降，而净资产收益率低的股票波动率出现显著的上升；过去一年股价累计涨幅低的组合的波动率出现了显著的下降；市现率高和市现率低的组合波动率都出现显著的下降，市现率高的波动率下降的幅度更大；净利润增长率高、可持续增长率高的股票组合的波动率下降的幅度更大。大流通市值且可持续增长率高的股票以蓝筹股居多，这些特征与深股通资金的投资风格相吻合，从侧面印证了由于深股通资金的参与，相关股票的波动率显著降低。深股通资金买入股票后以持续持股为主，降低了这些股票的交易频率。以格力电器为例，香港中央结算有限公司在2016年12月31日持股数为14305万股，即深港通开通的一个月内，深股通资金就大量买入了该股票，截至 2017 年第三季度，香港中央结算有限公司的持股数增加至 46054 万股，占整个流通股份的7.71%。买入并持有的策略使股票价格不易受市场情绪的影响，相应股票的换手率也会大幅下降，格力电器 2017 年的换手率比 2016 年下降了 58.02%，从而引起股票的波动率大幅降低，支持假设 4。

表 4.13　　　　　　　　　　不同组合的均值差比较

	流通市值加权					
	CMV	ROE	RETURN	PCF	NPGR	SGR
（1）	− 0. 0007 ***	− 0. 0000	− 0. 0001	− 0. 0009 ***	− 0. 0007 ***	− 0. 0011 ***
	（ − 3. 1916）	（ − 0. 0730）	（ − 0. 0730）	（ − 15. 2329）	（ − 5. 3730）	（ − 8. 3443）
（2）	− 0. 0001	− 0. 0012 ***	− 0. 0001	0. 0001	− 0. 0008 ***	− 0. 0006 ***
	（ − 1. 1124）	（ − 9. 3162）	（ − 0. 8021）	（0. 7389）	（ − 10. 6708）	（ − 6. 0824）
（3）	− 0. 0003 ***	0. 0001 ***	− 0. 0011 ***	− 0. 0002 *	0. 0004 ***	0. 0006 ***
	（ − 11. 7149）	（ − 2. 5450）	（ − 19. 5570）	（ − 1. 3916）	（3. 7725）	（9. 6865）
（1） − （3）	− 0. 0004 **	− 0. 0002 **	0. 0012 ***	− 0. 0007 ***	− 0. 0011 ***	− 0. 0018 ***
	（ − 1. 7675）	（ − 1. 6823）	（14. 0513）	（ − 4. 4631）	（ − 12. 6750）	（ − 17. 8808）

注：表中（1） − （3）表示按流通市值（CMV）、净资产收益率（ROE）、上一年累计涨幅（RETURN）、市现率（PCF）、净利润增长率（NPGR）、可持续增长率（SGR）由大到小排序后形成的组合。* 、** 、*** 分别表示在 10%、5% 和 1% 水平上显著，括号里表示 t 值，样本时间为 2016 年 12月 5 日至 2017 年 12 月 29 日。

三、面板数据回归

影响波动率的因素很多，其中融资融券对波动率的影响也很显著（Sharif et al. ，2014；Boehmer、Jones and Zhang，2013；Hsiao et al. ，2012；Boultonand Braga – Alves，2010；Autore、Billingsley and Kovacs，2011）。波动率变化可能跟融资融券有关，可能与股指期货有关，也可能与陆股通资金有关，这个问题需要进一步实证。笔者先利用沪股通累计流入资金的月度数据进行固定效应和随机效应回归，具体模型如（4.6）式。

表 4.14 的结果显示，沪港通开放初期，外资的快速流入加大了相关股票

的波动率,沪股通资金净额比率对波动率的变化有显著的正效应,沪股通资金净额每上升一个百分点,相应的波动率升高 0.0025,此结果与表 4.11 得出的结论是一致的,这个结论在控制股指期货带来的影响之后仍然成立。从表 4.15 显示的结果可以看出,沪股通资金经过初期的快速流入后,沪股通资金净额比率对波动率的变化有显著的负效应,固定效应模型和随机效应模型的值分别为 - 0.1431 和 - 0.1549,即沪股通资金余额每上升一个百分点,相应的波动率降低约 0.0014。在表 4.15 的 (2) 和 (5) 中,融资余额比率对波动率的变化有显著的负效应,相对于沪股通资金余额,融资余额比率的负效应较小,仅为 - 0.0001,而融券余额比率对波动率的变化有正效应,但结果不显著。表 4.15 得出在控制股指期货带来的影响之后,股指期货变化率对波动率的变化有显著的负效应,沪股通资金的流入仍然显著地降低了沪股通股票的波动率。我们所考察的这 187 只股票中,170 只股票是融资融券标的物,而融资融券在 2010 年 3 月 31 日已经实行了试点,到沪港通开通时已经比较成熟,所以沪港通开通后,融资融券对波动率的影响在减弱。由于沪股通资金暂时还没有开展融资融券业务,与我们上面的分析一致,沪股通资金买入股票后,会较长时间持有股票,从而降低了相应股票的波动率,支持假设 1。

表 4.14   沪股通面板数据固定效应和随机效应回归 (2014.11—2015.6)

	固定效应模型			随机效应模型		
	(1)	(2)	(3)	(4)	(5)	(6)
SHRATIO	0.1715 **	0.1718 **	0.2460 ***	0.1756 **	0.1863 **	0.2215 **
	(2.14)	(2.10)	(2.59)	(2.19)	(2.28)	(2.37)
MRATIO		0.0000	0.0001		- 0.0001	- 0.0001
		(0.09)	(0.54)		(- 0.55)	(- 0.28)
SRATIO		- 0.0042	- 0.0058		- 0.0002	- 0.0008
		(- 0.65)	(- 0.88)		(- 0.03)	(- 0.13)
INDEXF			- 0.0140 **			- 0.0128 **
			(- 2.47)			(- 2.27)

续表

	固定效应模型			随机效应模型		
	（1）	（2）	（3）	（4）	（5）	（6）
ROE			0.0179 *			0.0167 *
			（1.65）			（1.67）
TURN			0.0069 ***			0.0049 ***
			（4.35）			（3.32）
RETURN			− 0.0018			− 0.0009
			（− 0.66）			（− 0.32）
α	0.0063 ***	0.0063 ***	0.0008	0.0062 ***	0.0064 ***	0.0025
	（7.17）	（6.84）	（0.49）	（4.00）	（4.10）	（1.23）
R^2	0.0051	0.0079	0.0365	0.0051	0.0075	0.0349

注：*、**、*** 分别表示在 10%、5% 和 1% 水平上显著，括号内为 t 检验值。在固定效应和随机效应回归中，R^2 表示组内 R^2。

表 4.15　沪股通面板数据固定效应和随机效应回归（2015.7—2017.12）

	固定效应模型			随机效应模型		
	（1）	（2）	（3）	（4）	（5）	（6）
SHRATIO	− 0.3937 ***	− 0.3890 ***	− 0.1431 ***	− 0.3884 ***	− 0.3811 ***	− 0.1549 ***
	（− 17.21）	（− 16.72）	（− 5.48）	（− 17.01）	（− 16.45）	（− 6.02）
MRATIO		− 0.0001 ***	− 0.0000		− 0.0001 ***	− 0.0001
		（− 2.70）	（− 0.82）		（− 2.81）	（− 1.21）
SRATIO		0.0073	0.0028		0.0042	0.0022
		（1.39）	（0.55）		（0.88）	（0.46）
INDEXF			− 0.0378 ***			− 0.0394 ***
			（− 6.37）			（− 6.64）
ROE			0.0196 ***			0.0215 ***
			（2.73）			（3.16）
TURN			0.0226 ***			0.0206 ***
			（15.77）			（15.18）
RETURN			− 0.0032			− 0.0022
			（− 1.08）			（− 0.75）
α	0.0112 ***	0.0113 ***	− 0.0032 ***	0.0110 ***	0.0112 ***	− 0.0024 *
	（14.98）	（15.16）	（− 2.74）	（10.95）	（11.10）	（− 1.80）
R^2	0.0730	0.0748	0.1509	0.0730	0.0747	0.1506

注：*、**、*** 分别表示在 10%、5% 和 1% 水平上显著，括号内为 t 检验值。在固定效应和随机效应回归中，R^2 表示组内 R^2。

使用（4.7）式，深股通数据回归结果如表4.16所示。表4.16的结果显示：波动率的差与深股通资金每月净额比率之间成显著负相关关系，数值介于 -1.9259 到 -1.1233 之间，即净流入比率每增加一个百分点，相应股票的波动率下降约一个百分点。在融资融券作为控制变量的情况下，深股通资金净额比率对波动率差的影响仍然显著为负，说明深股通资金确实能够降低相应股票的波动率，起到稳定市场的作用。同时，笔者发现，融资余额比率与波动率差之间有显著的负相关关系，融券余额比率与波动率差有显著的正相关关系，即融资交易显著降低了股票波动率，融券交易加剧了股票波动率，且在融资融券和股指期货作为控制变量的情况下，深股通资金净额比率的值达到最小值 -1.9259。净资产收益率与波动率差的相关系数也显著为负，即净资产收益率越高的股票波动率降得越低，而股票当期收益率对波动率差有正效应，即会加大市场的波动率，涨幅越高的股票波动率将变得更大。此结果与表4.13的分组结果相互印证，表明深股通资金投资者偏好估值低、涨幅小的股票，支持假设3。

表4.16　深股通面板数据固定效应和随机效应回归（2016.12—2017.12）

	固定效应模型			随机效应模型		
	（1）	（2）	（3）	（4）	（5）	（6）
SZRATIO	-1.2101 *** (-3.17)	-1.1233 *** (-2.96)	-1.7731 *** (-4.18)	-1.2101 *** (-3.17)	-1.1541 *** (-3.05)	-1.9259 *** (-4.62)
MRATIO		-0.0049 *** (-5.31)	-0.0180 *** (-7.90)		-0.0050 *** (-5.49)	-0.0170 *** (-7.97)
SRATIO		0.6641 ** (2.21)	3.8752 *** (6.93)		0.7205 ** (2.45)	3.6368 *** (6.92)
INDEXF			0.0426 *** (2.84)			0.0463 *** (3.13)
ROE			-0.0177 * (-1.73)			-0.0222 ** (-2.42)
PB			0.0015 *** (2.66)			0.0007 ** (2.37)
RETURN			0.0032 (0.72)			0.0025 (0.57)

续表

	固定效应模型			随机效应模型		
	（1）	（2）	（3）	（4）	（5）	（6）
α	0.0029 **	0.0043 ***	0.0023	0.0029 **	0.0042 ***	0.0060 **
	（2.29）	（3.38）	（0.79）	（2.29）	（2.54）	（2.50）
R^2	0.0098	0.0422	0.1768	0.0000	0.0421	0.1736

注：*、**、*** 分别表示在 10%、5% 和 1% 水平上显著，括号内为 t 检验值。在固定效应和随机效应回归中，R^2 表示组内 R^2。

四、 稳健性检验

（一）沪股通模型的稳健性检验

维持样本不变，将样本时间设定为 2014 年 11 月至 2015 年 4 月、2015 年 11 月至 2017 年 12 月，完成模型（4.6）的回归分析，得到表 4.17 和表 4.18。表 4.17 的结果表明沪股通资金在实施交易初期仍然具有显著的正效应，会加大相应股票的波动率。从表 4.18 的结果看，沪港通运行一段时间后，沪股通资金净额比率对波动率差的影响还是显著为负，即沪股通资金降低相应股票的波动率，这个结果是稳健的。

表 4.17　沪股通面板数据固定效应和随机效应回归（2014.11—2015.4）

	固定效应模型			随机效应模型		
	（1）	（2）	（3）	（4）	（5）	（6）
SHRATIO	0.2298 ***	0.2281 ***	0.3670 ***	0.2324 ***	0.2449 ***	0.3471 ***
	（3.23）	（3.08）	（4.44）	（3.27）	（3.32）	（4.28）
MRATIO		0.0000	0.0001		−0.0001	−0.0001
		（0.07）	（0.44）		（−0.64）	（−0.35）
SRATIO		−0.0030	−0.0043		0.0010	0.0002
		（−0.50）	（−0.72）		（0.18）	（0.03）
ROE			0.0090			0.0125
			（0.73）			（1.18）
TURN			0.0073 ***			0.0054 ***
			（4.68）			（3.81）

续表

	固定效应模型			随机效应模型		
	（1）	（2）	（3）	（4）	（5）	（6）
RETURN			− 0.0041			− 0.0020
			（− 1.44）			（− 0.71）
α	0.0053 ***	0.0054 ***	− 0.0008	0.0052 ***	0.0054 ***	0.0002
	（6.19）	（6.12）	（− 0.43）	（3.52）	（3.68）	（0.11）
R^2	0.0160	0.0187	0.0519	0.0160	0.0180	0.0491

注：＊、＊＊、＊＊＊分别表示在10%、5%和1%水平上显著，括号内为 t 检验值。在固定效应和随机效应回归中，R^2 表示组内 R^2。

表4.18 沪股通面板数据固定效应和随机效应回归（2015.11—2017.12）

	固定效应模型			随机效应模型		
	（1）	（2）	（3）	（4）	（5）	（6）
SHRATIO	− 0.1800 ***	− 0.1730 ***	− 0.0522 **	− 0.1745 ***	− 0.1665 ***	− 0.0595 **
	（− 7.35）	（− 6.98）	（− 2.01）	（− 7.16）	（− 6.77）	（− 2.32）
MRATIO		− 0.0001 **	− 0.0000		− 0.0001 ***	− 0.0001
		（− 2.70）	（− 1.23）		（− 2.77）	（− 1.54）
SRATIO		0.0023	− 0.0012		0.0010	− 0.0012
		（0.71）	（− 0.26）		（0.22）	（− 0.29）
ROE			0.0302 ***			0.0314 ***
			（4.40）			（4.90）
TURN			0.0200 ***			0.0178 ***
			（11.53）			（11.11）
RETURN			− 0.0049 *			− 0.0035
			（− 1.76）			（− 1.25）
α	0.0030 ***	0.0032 ***	− 0.0071 ***	0.0029 ***	0.0030 ***	− 0.0064 ***
	（3.60）	（21.22）	（− 6.03）	（2.74）	（2.87）	（− 4.92）
R^2	0.0188	0.0187	0.0672	0.0164	0.0186	0.0669

注：＊、＊＊、＊＊＊分别表示在10%、5%和1%水平上显著，括号内为 t 检验值。在固定效应和随机效应回归中，R^2 表示组内 R^2。

（二）深股通模型的稳健性检验

为了检验深股通回归模型的稳健性，首先将样本区间缩短为 2017 年 6 月至 2017 年 12 月，标的股票维持 107 只曾经交易活跃的深股通股票，实证结果如表 4.19 所示。同时改变样本选取方法和样本区间长度，选取深股通交易标的和 MSCI 公布纳入的股票的交集作为样本，样本区间为深港通开通前后各 1 年，实证结果如表 4.20 所示。从表 4.19 的结果可知，深股通资金净额比率对波动率有显著的负效应，即深股通资金的净流入会降低相应股票的波动率，从而降低波动率的差值。融资余额比率仍然有显著的负效应，融券余额比率有显著的正效应。资本市场的开放是个长期过程，短期内资本市场的开放对市场的影响较小，长期而言，会优化市场的投资者结构，培育市场的理性投资环境，有利于市场的健康平稳发展。表 4.20 考查 MSCI 将要纳入的股票，为避免股灾的负面影响，将参数的估计区间设定为 2015 年 10 月 8 日至 2016 年 12 月 2 日。结果表明深股通资金净额比率与波动率差的相关系数在 − 1.5696 至 − 0.8640 之间，都显著为负，深股通资金的流入显著降低了待纳入 MSCI 的股票的波动率。在此样本中，由于深股通资金的作用，融资余额比率有负效应，融券余额比率有正效应，但融资融券的效应都不显著，表明深股通资金削弱了融资融券对波动率的总体效应。

表 4.19　　深股通面板数据固定效应和随机效应回归（2017.6—2017.12）

	固定效应模型			随机效应模型		
	(1)	(2)	(3)	(4)	(5)	(6)
SZRATIO	− 1.0201 *	− 1.1817 **	− 1.4706 **	− 1.0201 *	− 1.2091 **	− 1.9447 ***
	(− 1.66)	(− 2.00)	(− 2.12)	(− 1.66)	(− 2.05)	(− 3.03)
MRATIO		− 0.0195 ***	− 0.0186 ***		− 0.0157 ***	− 0.0149 ***
		(− 5.12)	(− 4.68)		(− 4.92)	(− 4.53)
SRATIO		4.0498 ***	3.8410 ***		3.2847 ***	3.0779 ***
		(4.77)	(4.33)		(4.64)	(4.23)
ROE			− 0.0001			− 0.0003 **
			(− 0.5)			(− 2.34)
PB			− 0.0006			0.0002
			(− 0.72)			(0.52)

续表

	固定效应模型			随机效应模型		
	（1）	（2）	（3）	（4）	（5）	（6）
RETURN			0.0393			0.0088 *
			(0.74)			(1.85)
α	0.0031 *	0.0065 ***	0.0101 **	0.0031	0.0063 ***	0.0096 ***
	(1.81)	(3.74)	(2.49)	(1.62)	(3.28)	(3.81)
R^2	0.0065	0.0708	0.0756	0.0000	0.0700	0.0686

注：标的股票维持 107 只曾经交易活跃的深股通股票。*、**、*** 分别表示在 10%、5% 和 1% 水平上显著，括号内为 t 检验值。在固定效应和随机效应回归中，R^2 表示组内 R^2。

表 4.20 深股通面板数据固定效应和随机效应回归（2016.12—2017.12）

	固定效应模型			随机效应模型		
	（1）	（2）	（3）	（4）	（5）	（6）
SZRATIO	− 1.5696 ***	− 1.5404 ***	− 0.8640 ***	− 1.5696 ***	− 1.5361 ***	− 0.9148 ***
	(− 4.77)	(− 4.66)	(− 2.72)	(− 4.77)	(− 4.65)	(− 2.89)
MRATIO		− 0.4449	− 0.1328		− 0.4524	− 0.1595
		(− 1.38)	(− 0.45)		(− 1.43)	(− 0.54)
SRATIO		0.0025	0.0009		0.0026 *	0.0011
		(1.61)	(0.64)		(1.71)	(0.77)
ROE			0.0133			0.0102
			(1.63)			(1.32)
PB			0.0014 ***			0.0011 ***
			(2.68)			(3.12)
RETURN			− 0.0051			− 0.0048
			(− 1.41)			(− 1.32)
TURN			0.0244 ***			0.0236 ***
			(11.43)			(11.44)
α	0.0056 ***	0.0055 ***	0.0072 ***	0.0056 ***	0.0054 ***	− 0.0053 ***
	(5.16)	(4.82)	(3.04)	(3.84)	(3.61)	(− 2.65)
R^2	0.0272	0.0320	0.0833	0.0000	0.0320	0.1857

注：样本来自 MSCI 与深股通交集的 68 只股票。*、**、*** 分别表示在 10%、5% 和 1% 水平上显著，括号内为 t 检验值。在固定效应和随机效应回归中，R^2 表示组内 R^2。

（三）A - H 股的稳健性检验

陆股通与港股通是内地股市与国际股市接轨的重要通道，其中 A - H 股由于公司基本面一样，外资机构对这些公司的熟知程度高。由于深股通 A - H 股标的较少，用面板数据回归会产生较大的误差，故采用沪股通 A - H 标的股票作稳健性检验，结果如表 4.21 所示。比较表 4.15 和表 4.21 发现，对于 A - H 标的股票，沪股通资金净额比率的负效应更加显著，且波动率的下降幅度更大，即相较于不熟悉的股票，沪股通资金首先选择长期投资过的相关公司，对这部分公司股价的稳定性起到了更加重要的作用。

表 4.21 沪股通 A - H 标的股票面板数据固定效应和随机效应回归（2015. 7—2017. 12）

	固定效应模型			随机效应模型		
	(1)	(2)	(3)	(4)	(5)	(6)
SHRATIO	-0.4602 ***	-0.4182 ***	-0.2396 ***	-0.4602 ***	-0.4092 ***	-0.2310 ***
	(-14.05)	(-12.09)	(-6.47)	(-14.06)	(-12.01)	(-6.94)
MRATIO		-0.0011 ***	-0.0000		-0.0013 ***	-0.0006 ***
		(-4.26)	(-0.36)		(-5.90)	(-2.72)
SRATIO		0.0048	0.0037		0.0040	0.0034
		(0.77)	(0.64)		(0.66)	(0.61)
ROE			0.0261 ***			0.0236 **
			(2.64)			(2.48)
TURN			0.0443 ***			0.0415 ***
			(13.91)			(15.51)
RETURN			-0.0241 ***			-0.0251 ***
			(-6.15)			(-6.50)
LNCMV			0.0026			0.0029 ***
			(0.90)			(3.92)
α	0.0155 ***	0.0171 ***	-0.0469	0.0155 ***	0.0174 ***	-0.0515 ***
	(14.40)	(15.09)	(-0.88)	(10.73)	(12.88)	(-3.67)
R^2	0.1523	0.1661	0.3391	0.1523	0.1657	0.3365

注：*、**、*** 分别表示在 10%、5% 和 1% 水平上显著，括号内为 t 检验值。在固定效应和随机效应回归中，R^2 表示组内 R^2。样本时间为 2014 年 11 月 17 日至 2017 年 12 月 29 日，共有 1138 个观察值。

（四）共线性问题的处理

本章在选择匹配样本的时候，每一只实验组标的股票对应 15 只匹配标的股票，这会造成回归分析时，变量之间存在共线性问题。最优的处理方式是每一只实验组标的股票取一只对应的匹配标的股票，且各个匹配标的股票各不相同，但由于我国股市停复牌制度不完善，很多公司经常处于停牌的状态，这就导致如果只选择一只股票作为匹配标的，数据的缺失将会很严重，对计算结果造成较大的误差，所以在匹配股票的选择上，选择了较合适的 15 只匹配标的，在实际运算中，当把匹配标的个数降为 10 只时，结果类似。

第五节 本章小结

本章通过对比沪港通和深港通政策反事实波动率与真实波动率数据，发现沪港通正式实施交易后的初期，相应的股票波动率显著变大。从实证的结果看，沪股通资金净额比率对波动率有显著的正效应，外资在沪港通开通初期的大量流入加剧了相关股票的波动性。沪港通开通一年九个月后，相应股票的波动率显著降低。在融资融券和股指期货作为控制变量的情况下，沪股通资金的流入仍然会显著降低相应股票的波动率，同时会削弱融资对波动率产生的负效应。外资投资者的投资行为是偏理性的，在股票价格大幅偏离股票基本价值的时候，他们会减少买入股票的数量，甚至卖出沪港通开通初期买入的股票。在中国股票市场大幅上涨过程中，卖出股票能够在一定程度上降低市场的波动率。研究发现，沪股通资金偏好投资大市值、高股息率、低换手率、高净资产收益率股票，这些股票在后期的波动率降低幅度更大。

本章还利用深港通政策前深股通标的股票与控制组股票之间的内在关系，估计出深港通政策后深股通标的股票的波动率，并对不同组合的波动率变化进行了检验，研究了深股通资金净额比率与波动率之间的关系。实证结果包括：第一，深港通政策对股票波动率的效应是显著的，93.46% 的样本波动率发生了显著的变化，深股通股票波动率显著变小的个数稍大于波动率显著变大的股票个数；第二，股票总体经过流通市值加权后，在深港通政策后的波动率是显著下降的，深股通资金偏好投资大市值、净资产收益率高、净利润增长率高的股票，这些股票的波动率下降幅度更大；第三，深股通资金净额比率对波动率产生显著的负效应，此效应在融资融券余额比率和股指期货存在的情况下作用更强，即深股通资金对杠杆资金产生的暴涨暴跌现象有抑制作用。这些结果都具有稳健性，在一定程度上弥补了关于深港通相关研究的缺失。MSCI 首批纳入 234 只陆港通股票进行交易，可以预见，MSCI 资金会对这些股票的波动率产生显著的负效应，随着 MSCI 指数逐步纳入所有 A 股，整个市场的波动率都将有效降低，市场换手率也将进一步降低，A 股将迎来新的价值投资时代。

现有的文献大多局限于沪港通开通前后一个月内的政策效应，用事件分析法研究沪港通政策引起的预期收益的变化。目前特质性波动率也是金融市场的热点问题（Berggrun、Lizarzaburu and Cardona，2016；Gu、Kang and Xu，2018），陆港通政策对股票特质性波动率如何影响，有待进一步研究。

第五章
陆港通对 A – H 股溢价率、
市场溢出效应的影响

陆港通作为互联互通的一种机制，既有外资通过陆股通流入 A 股，也有内地资金通过港股通流入 H 股，在此过程中，相应的股票价格如何变化，陆股通股票和港股通股票之间是否存在溢出效应？这些问题值得进一步深入研究。

第一节 引 言

在中国的资本市场开放之前，股市的投资者以本国投资者为主，由于我国资本项目不可以完全兑换，本地居民的投资途径很有限，居民资产以本国的储蓄、房地产投资、债券投资、股票投资为主。陆港通互联互通机制开通后，截至 2018 年 9 月 14 日，陆股通资金持股市值达到 5746.29 亿元，与此同时，港股通资金持股市值达到 7974.57 亿元，内地资金流出份额比外资流入份额多了 38.78%，原因在于港股通政策打开了本地居民的对外投资渠道。截至 2018 年 8 月底，香港证券市场市值为 28.02 万亿元，A 股总市值为 47.57 万亿元。第三章、第四章研究了陆股通的资金效应，而内地居民资金流出份额比外资流入份额要高，港股通资金对香港市场股票的价格影响更大。资金的流动如何动态地影响两地证券的价格，这是本章需要解决的问题之一。A - H 股提供了很好的自然实验，陆港通标的股票中包含 A - H 股，而 A - H 股所对应的公司相同，在公司基本面完全相同的情况下，将更有利于研究政策带来的影响。

香港金融市场属于成熟的金融市场，中国内地的股票市场属于新兴的资本市场，尽管中国内地在经济金融领域没有与香港保持同步，但近年来中国经济的持续发展使两者的距离逐步拉近，陆港通的全面实施进一步融合了两个市场的发展，因此，上海市场和香港市场之间存在着长期联动性。如果按照行情进行区分，牛市对中国内地和香港股票市场联动性的影响显著增强，而熊市对于两地的影响并未发生变化（蔡彤彤和王世文，2015）。本章从三个市场的收益率和波动率溢出指数的角度研究市场的联动性，发现在熊市时期，中国内地股票市场和香港股票市场的联动性显著增强，而在牛市时期，两地市场的相互影响较弱。

本章第二节分别针对溢价率和溢出效应提出研究假设；第三节阐述本章的研究设计，对溢价率和溢出效应模型进行介绍，同时进行描述性统计分析；第四节进行了实证检验和分析，并进行了稳健性检验；第五节是本章小结。

第二节　研究假设

一、 溢价率的研究假设

根据 2017 年和 2018 年的《上海证券交易所统计年鉴》，2017 年末，A 股的自然人投资者持股市值占比为 21.17%，交易占比为 82.01%，盈利金额为 3108 亿元，占所有投资者盈利总额的比例仅为 9%；同期沪股通机构投资者持股市值占比仅为 1.18%，交易占比为 1.30%，而全年的盈利达到 1034 亿元，占所有投资者盈利总额的比例为 2.99%。对比 2016 年末的情形，自然人投资者持股市值占比为 23.70%，交易占比为 85.62%，全年亏损达 7090 亿元；而同期沪股通机构投资者持股市值占比仅为 0.72%，交易占比为 0.75%，全年盈利 33 亿元。

A 股散户投资者偏好于投机交易，频繁交易股票，贡献了大部分的成交量，而投资的资金总额与获得的收益明显不对称。从持有的股票来看，自然人投资者持股集中于小市值股票，持有较少的蓝筹股。沪股通投资者则偏好于投资大市值股票，较少持有小市值股票，这些投资者更重视股票的流动性，对于流动性好的股票给予更多的关注，并给予合理的溢价，而对于流动性较差的小市值股票，这些投资者较少参与，甚至不会买入。沪股通投资者类型与香港证券市场的投资者类型相似，根据 2016 年香港联交所发布的《现货市场交易研究调查》，机构投资者的交易占总成交金额的 53%，个人投资者的比重从 2015 年度的 27% 降为 23%，香港市场以机构投资者为主，他们偏好流动性好的股票。两地投资者的投资偏好不一样，散户投资者高频率的交易容易催生资产泡沫，所以 A 股相对于对应的 H 股有较高的溢价，在 A 股投资者情绪高涨的时候，这一情况表现得更加突出，A 股投资者情绪高涨时，往往伴随较高的成交量。机构投资者会给予流动性好的股票一定的溢价，流动性较差的股票价格较低。在计算溢价率时，H 股的价格在分母，如果港股投资者也是以投机交易为主，则会给相应的 H 股较高的价格，表现为 H 股换手率与溢价率负相关。如果港股投资者不是基于投机动机，而是基于流动性动机交易相应的 H 股，流动性好的 H 股价格相对较高，此时也会出现 H 股换手率与溢价率负相关。进一步分析，港股的机构投资者投资行为较为理性，做空机制比较健全，对风险的对冲考虑很周全，笔者认为他们是基于流动性动机进行交易，基于此分析，得出假设 1。

假设 1：陆港通政策实施前，上海和深圳 A－H 股溢价率与 A 股换手率都显著正相关、与 H 股换手率负相关，A 股投资者以投机动机进行交易，H 股投资者以流动性动机进行交易。

陆港通政策实施前，A 股散户投资者频繁交易股票，不能长期持有股票，他们偏好投资小盘股，因此上海 A－H 股会表现为流通市值越大，换手率越低，流通市值越小，换手率越高，流通市值与换手率之间成显著的负相关关系。香港 H 股交易者在陆港通开通前，以机构投资者为主，如果以流动性偏好交易股票，换手率与市值之间表现为显著的正相关关系，因为市值高的股票流动性好，机构投资者会增加这些股票的交易，换手率就会提高。陆港通开通后，两地投资者结构发生一定的变化，陆股通投资者以机构投资者为主，由于内地投资者开通陆股通业务需要 50 万元金融资产，大部分散户交易者无法开通陆股通业务，故港股通投资者以内地机构投资者为主。

陆港通制度实施后，陆股通资金的涌入会引起部分股票的动量效应，引起散户跟风，导致散户投资者摒弃业绩较差的小盘股，转而投资业绩较好的大盘蓝筹股，投资策略上以持有股票为主。随着明晟指数和富时罗素国际指数纳入 A 股，外部资金的投资需求将进一步变大，外资机构投资者的投资行为会极大地影响 A 股散户投资者的投机需求。不同的是，港股投资者以机构投资者为主，港股通资金也是以机构投资者为主，港股的投资风格不会受到影响，投资者仍然以流动性动机进行交易。在沪港通开通前，香港 A－H 股的市值越大，它们的换手率会越大，由于流动性良好，投资者给予这些股票较高的价格，溢价率反而会降低。在沪港通开通后，香港 A－H 股的换手率会变大，内地资金的大量流入会引起原有港股机构投资者的抛售，此时香港 A－H 股换手率变大，投资者预期股票的风险将变大，使对应的股票价格变低，溢价率反而升高，投资者仍然以流动性动机进行交易，香港市场对应的 A－H 股的换手率与溢价率之间显著正相关。基于此分析，得出假设 2、假设 3。

假设 2：在沪港通开通前，由于散户投资者影响作用较大，上海 A－H 股表现为相应股票的换手率与流通市值显著负相关；而在沪港通开通后，由于沪股通资金的参与，相应股票的换手率与流通市值显著正相关。

假设 3：香港市场以机构投资者为主，港股通投资者也是以机构投资者为主，在整个样本时间，香港相应的 A－H 股的换手率与流通市值显著正相关。

在沪港通开通前，溢价率与香港相应 A－H 股换手率显著负相关；在沪港通开通后，溢价率与香港相应 A－H 股换手率显著正相关。

截面数据能分析在同一时间点上不同公司的溢价率为什么会出现差异，缺乏对随时间变化的变量进行分析，比如沪股通资金、深股通资金、港股通资金对相关股票的影响。陆港通资金是双向流动的，主体资金都是机构资金，都偏好流动性较好的大盘蓝筹股，而上海 A－H 股以大盘蓝筹股为主，所以陆股通资金对上海 A－H 股的政策效应为负，资金的流动有利于降低两地 A－H 股的溢价率。深圳 A－H 股以小盘股为主，投机动机主导了这些股票，陆股通资金的流入加剧了投机动机，故陆股通资金对深圳 A－H 股的政策效应显著为正。基于此分析，得出假设 4。

假设 4：沪港通开通有利于降低两地相应 A－H 股的溢价率，而深港通开通反而加剧了投机动机，扩大了两地相应 A－H 股的溢价率。

二、 溢出效应的研究假设

金融实务界认为，当股票价格指数涨幅达到或超过 20% 时，表明是牛市的特征，相反，当股票价格指数跌幅达到或超过 20% 时，表明是熊市的特征。将市场分为熊市和牛市，当其中一个市场处于牛市的行情中，其收益率是否对其余两个市场有溢出效应？2016 年 1 月 1 日至 2017 年 12 月 31 日，香港恒生指数处于牛市行情中，在这段时间内，上证指数和深圳成指有一定幅度的增长，但是并没有出现大幅度的上涨，陆股通资金此时的流入也较平缓，而港股通资金呈现大幅度流入的状态，所以收益率溢出指数变小，三个市场的收益率出现了分化行情。2018 年 2 月 1 日至 2018 年 6 月 29 日，上证指数下跌幅度超过 20%，市场进入熊市周期，而恒生指数和深圳成指下跌的幅度也都达到 20%，即市场指数下跌过程中，市场之间协同性更好，此时陆股通资金仍然呈现缓慢流入状态，港股通资金呈现净流出的状态。基于此分析，提出假设 5。

假设 5：在指数上涨过程中，陆港通制度减弱了上海、深圳、香港三个市场收益率之间的联动，三个市场波动率的联动先变强后减弱。在指数下跌过程中，陆港通制度同时加强了三个市场收益率和波动率的联动，一个市场的剧烈下跌会很快传导到另外两个市场。

第三节　研究设计

一、　数据的选取

样本时间为 2011 年 4 月 1 日至 2018 年 6 月 29 日，样本为中国内地和香港同时上市的 A－H 股。沪港通样本的子区间分为两段，第一段时间为 2011 年 4 月 1 日至 2014 年 11 月 14 日，第二段时间为 2014 年 11 月 17 日至 2018 年 6 月 29 日。深港通样本子区间分为两段，第一段时间为 2011 年 4 月 1 日至 2016 年 12 月 4 日，第二段时间为 2016 年 12 月 5 日至 2018 年 6 月 29 日。其中，A－H股溢价率、流通市值、换手率、恒生指数等数据来自 Wind 数据库，上证指数、深圳成指、陆港通资金数据来自 CSMAR 数据库。

二、　变量定义

（一）被解释变量

1. 溢价率。定义一个公司的 A 股相对于 H 股的溢价率为 ρ_{it} ，记 t 时刻 A 股的价格为 P_{it}^A ，相应的 H 股的价格为 P_{it}^H ，则溢价率为 $\rho_{it} = (P_{it}^A - P_{it}^H)/P_{it}^H$ 。

2. 指数收益率。定义为 $R_{n,t} = r_{n,t}/r_{n,t-1} - 1$ ，其中 $R_{n,t}$ 表示指数 n 在 t 日的收益率，$r_{n,t}$ 表示指数 n 在 t 日的收盘指数，$r_{n,t-1}$ 表示指数 n 在 $t-1$ 日的收盘指数。

3. 指数波动率。借鉴 Diebold 和 Yilmaz（2009）对指数波动率的定义如下：

$$\sigma^2 = \{0.511(H_t - L_t)^2 - 0.019[(C_t - O_t)(H_t + L_t - 2O_t)$$

$$-2(H_t - O_t)(L_t - O_t)] - 0.383(C_t - O_t)^2 \} / C_{t-1}^2 \qquad (5.1)$$

其中，H_t、L_t、C_t、O_t 分别为日指数的最高点数、最低点数、收盘点数、开盘点数，C_{t-1} 为上一日收盘点数。

（二）解释变量

表5.1　　　　　　　　　　　　其他变量定义与说明

变量符号	变量名及其定义
Turn	换手率，指在一定的时间范围内，某只股票的累计成交股数与流通股数的比率
ILL	Amihud 非流动性指标，每日收益率的绝对值与交易额的比值，交易额的单位为百万元
Vol	波动率，股票每日最高价和最低价的差值与最高价和最低价之和的二分之一的比值
Lncmv	流通市值的对数，定义为股票价格与流通股数乘积的对数
NetH	沪港通资金净流入率，定义为沪股通资金净额比率与港股通资金净额比率的差
NetS	深港通资金净流入率，定义为深股通资金净额比率与港股通资金净额比率的差
Exc	港元对人民币汇率
SHI	上海证券综合指数，以上海证券交易所挂牌上市的全部股票为计算范围，以发行量为权数综合计算得出
SZI	深圳成分股指数，市场指数 = 现时成分股总市值/基期成分股总市值 × 1000
HSI	恒生指数，由香港恒生银行全资附属的恒生指数服务有限公司编制，以香港股票市场中的 50 家上市股票为成分股样本，以其发行量为权数的加权平均股价指数

三、实证模型

（一）溢价率模型

基于 Mei、Scheinkman 和 Xiong（2009）的研究，构建模型如下：

$$\rho_{it} = \alpha_t + \beta_{1t}\tau_{it}^A + \beta_{2t}\tau_{it}^H + \beta_{3t}ILLQ_{it}^A + \beta_{4t}ILLQ_{it}^H + \beta_{5t}LNCMV_{it}^A$$

$$+ \beta_{6t}LNCMV_{it}^H + \beta_{7t}VOL_{it}^A + \beta_{8t}VOL_{it}^H + \varepsilon_{it}, \qquad i = 1,\cdots,N; t = 1,\cdots,T$$

$$(5.2)$$

其中，ρ_{it} 为 i 公司在时间 t 的溢价率，τ_{it}^A 为 A 股 i 公司在时间 t 的换手率，τ_{it}^H 为 H 股 i 公司在时间 t 的换手率，$ILLQ_{it}^A$ 为 A 股 i 公司在时间 t 的 Amihud 非流动性指标，$ILLQ_{it}^H$ 为 H 股 i 公司在时间 t 的 Amihud 非流动性指标（在计算 Amihud

非流动性指标时，成交量的单位为百万元），VOL_{it}^A 为 A 股 i 公司在时间 t 的波动率，VOL_{it}^H 为 H 股 i 公司在时间 t 的波动率，ε_{it} 均值为 0，且与其他变量不相关。

基于 Sun 和 Tong（2000）的模型，构建面板数据模型如下：

$$\rho_{it} = \alpha_i + \beta' X_{it} + \gamma_{it} NET_{it} + \varepsilon_{it} \qquad i = 1,\cdots,N; t = 1,\cdots,T \qquad (5.3)$$

其中，X_{it} 为控制变量，包含（5.2）式所有控制变量，还包括港元对人民币的汇率，NET_{it} 表示陆股通政策效应，β、γ_{it} 为变量的系数，ε_{it} 均值为 0，且与其他变量不相关。

（二）波动性溢出模型

根据 Diebold 和 Yilmaz（2009）关于收益率和波动率溢出效应的模型［其基础模型是基于 Engle、Ito 和 Lin（1990）的 VAR 模型］，构建两个变量的 VAR 模型如下：

$$Y_t = \varnothing\, Y_{t-1} + \varepsilon_t \qquad (5.4)$$

其中，$Y_t = (Y_{1t}, Y_{2t})$，$\varnothing$ 是一个 2×2 矩阵，则 VAR 的移动平均模型表示为 $Y_t = (1 - \varnothing L)^{-1} \varepsilon_t$，进行变换后得到，$Y_t = A(L) u_t$，其中 $A(L) = (1 - \varnothing L)^{-1} Q_t^{-1}$，$u_t = Q_t \varepsilon_t$，$Q_t$ 是 ε_t 方差的 Cholesky 分解，进行提前一期预测可得 $Y_{t+1,t} = \varnothing\, Y_t$，则相应的提前一期误差向量为

$$e_{t+1,t} = Y_{t+1} - Y_{t+1,t} = A_0 u_t = \begin{bmatrix} a_{0,11} & a_{0,12} \\ a_{0,21} & a_{0,22} \end{bmatrix} \begin{bmatrix} u_{1,t+1} \\ u_{2,t+1} \end{bmatrix} \qquad (5.5)$$

在两个变量情况下，定义溢出指数为 $S = \dfrac{a_{0,12}^2 + a_{0,21}^2}{trace(A_0 A'_0)} \times 100$，推广到提前 H 期 N 个变量的情形，溢出指数定义为

$$S = \frac{\sum_{h=0}^{H-1} \sum_{i,j=1,i\neq j}^{N} a_{h,ij}^2}{\sum_{h=0}^{H-1} trace(A_h A'_h)} \times 100 \qquad (5.6)$$

四、 描述性统计

对（5.2）式的相关变量进行描述性统计，针对沪港市场、深港市场的不同时间段进行统计，得出表5.2和表5.3。表5.2的结果说明，在沪港通开通后溢价率是扩大的，原因在于沪港通开通期间，A股启动了一轮牛市。在牛市行情中，中国散户的交易热情使所有A股的价格都大幅度偏离了基本面，虽然香港股市同期也处于上涨状态，但香港的投资者以机构投资者为主，交易较为理性，相应H股的上涨幅度较小，从而导致溢价率上升。从表5.2和表5.3可以看出，A股投资者的换手率大于同时期H股投资者的换手率，且A股换手率变化幅度较大，而H股投资者的换手率始终维持稳定的状态。在沪港通政策实施后，上海A－H股流动性显著好于香港市场，这个现象是否由沪港通制度造成？这需要进一步研究。为分析沪深港三个市场之间的溢出效应，选取上证指数、深圳成指、恒生指数的收益率和波动率进行描述性统计，结果如表5.4所示，上证指数的平均收益率最高，深圳成指的平均波动率最大，恒生指数的平均波动率最低。上证指数的成分股以大盘股为主，深圳成指的成分股以小盘股居多，流动性不足是导致深圳成指平均波动率最大的原因。香港机构资金偏好大盘蓝筹股，使香港市场平均波动率最低。陆港通制度推出后，三个市场资金的相互流动更加便捷，从而引起市场收益率和波动率的协同变化，具体如何变化需要进一步分析。

表5.2　　　　　　　　　沪港 A－H 股不同时间段的描述性统计

相应指标的平均值	2011. 4. 1—2014. 11. 14	2014. 11. 17—2018. 6. 29
ρ_{it}	0.5517	0.8567
TurnA	0.0077	0.0124
TurnH	0.0057	0.0061
ILLA	0.0035	0.0003
ILLH	0.0048	0.0028
LncmvA	23.2190	23.4768

续表

相应指标的平均值	2011. 4. 1—2014. 11. 14	2014. 11. 17—2018. 6. 29
LncmvH	22. 6147	22. 8051
VolA	0. 0262	0. 0323
VolH	0. 0307	0. 0307

表 5. 3　　　　　　　深港 A - H 股不同时间段的描述性统计

相应指标的平均值	2011. 4. 1—2016. 12. 4	2016. 12. 5—2018. 6. 29
ρ_{it}	1. 0968	0. 9179
TurnA	0. 0234	0. 0193
TurnH	0. 0076	0. 0070
ILLA	0. 0004	0. 0012
ILLH	0. 0114	0. 0056
LncmvA	22. 1017	22. 9944
LncmvH	21. 4753	22. 1547
VolA	0. 0356	0. 0301
VolH	0. 0393	0. 0340

表 5. 4　市场收益率和波动率的描述性统计 (2011. 4. 1—2018. 6. 29)

市场收益率						
市场指数	均值	中位数	最大值	最小值	标准差	偏度	峰度
上证指数	0. 00007	0. 00057	0. 05763	- 0. 08491	0. 01376	- 0. 90441	9. 53400
深圳成指	- 0. 00001	0. 00013	0. 06454	- 0. 08244	0. 01628	- 0. 62383	6. 85061
恒生指数	0. 00006	0. 00030	0. 05631	- 0. 05841	0. 01119	- 0. 29431	5. 62623
市场波动率						
上证指数	0. 00013	0. 00005	0. 00397	0. 00000	0. 00029	7. 19337	70. 49960
深圳成指	0. 00017	0. 00008	0. 00514	0. 00000	0. 00034	7. 81356	86. 18506
恒生指数	0. 00006	0. 00004	0. 00212	0. 00000	0. 00011	10. 89530	160. 73450

第四节　实证检验和分析

一、 A - H 股溢价率的影响因素

(一) 上海 A - H 股的溢价率因素分析

由于互联互通机制是双向影响的，笔者将时间划分为两段，一段为沪港通

开通前，另一段为沪港通实施后。引起 A－H 股溢价率变化的因素很多，投资者结构是其中的一个影响因素，在陆港通开通前，散户投资者占据了内地市场的大部分交易，机构投资者占据了香港市场的大部分交易，所以两地投资者结构不一样，他们的交易动机也不一样。以换手率作为交易动机的代理变量，如果 A 股的投资者出于投机动机交易股票，那么他们持有股票的时间很短，换手率高，同时股票的价格较高，使得 A－H 股的溢价率变大，那么溢价率与换手率之间的相关系数应该为正。如果 H 股的投资者出于流动性动机进行交易，由于 H 股投资者偏好投资大盘股，大盘 H 股的价格会较高，也会导致溢价率的下降。由于外资投资者比较注重股票的流动性，所以流动性指标是需要考虑的第二个因素。A 股噪音投资者较多，这些投资者偏好投资小盘股，给予这些小盘股较高的成交价格，而这些股票是缺乏流动性的，所以会出现流动性越差，相应的股票价格越高，即溢价率与 A 股非流动性指标之间正相关的情况。港股投资者给予流动性好的 H 股较高的价格，给予流动性差的 H 股较低的价格，在计算溢价率时，H 股的价格在分母上，故非流动性指标越大，相应的 H 股价格越低，溢价率越高，溢价率与 H 股非流动性指标正相关。A 股投资者偏好小盘股，给予流通市值大的股票较低的成交价格，即 A 股的流通市值与溢价率成负相关关系；而 H 股投资者偏好大盘股，流通市值越高，给予的价格越高，即 H 股的流通市值与溢价率成负相关关系。风险偏好上，A 股投资者风险偏好高，给予风险高的股票较高的价格，故溢价率与 A 股的风险偏好指标成正相关关系；H 股投资者是风险规避者，给予风险高的股票较低的价格，故溢价率与 H 股的风险偏好指标正相关。

根据以上分析，表 5.5、表 5.7 的结果表明在沪港通开通前，溢价率与上海 A－H 股的换手率之间显著为正，上海 A－H 股的换手率与流通市值之间显著负相关，A 股投资者以投机动机进行交易，偏好投资小盘股和高风险股票。沪港通实施交易后，表 5.7 的数据显示上海 A－H 股换手率与流通市值之间的系数显著为正，表明此时投资者以流动性动机进行交易，给予流动性好的大盘股较高的价格，即沪港通开通后，投资者的投资风格有所改变，在一定程度上偏好投资大盘股。这种风格的改变一方面与沪股通资金的投资有关，另一方面与融资融券的标的物有关，融资融券制度要求标的股票市值要满足一定的条件，大盘股大部分都是融资融券股票，从而导致投资者偏好投资大盘蓝筹股，支持假设 2。表 5.6 中溢价率与 A 股流通市值之间显著为正，表明市值越大的股票，A 股的价格会相对较高，从而使得溢价率变大，沪港通制度实施后，投资者投资风格有所改变，投资者此时偏好大盘蓝筹股。

根据表 5.7，在所有时间区间，香港 A – H 股换手率与流通市值之间都显著为正，表明流通市值越大，换手率越高，即投资者出于流动性动机进行交易，偏好投资大盘股和低风险股票，支持假设 1。根据表 5.5 和表 5.6，溢价率始终与港股的流通市值显著负相关，同样可以得出流通市值越大，溢价率越低，港股投资者偏好大市值股票的推论。在沪港通政策实施前，溢价率与香港 A – H 股的换手率相关性显著为负，在沪港通政策实施后，溢价率与香港 A – H 股的换手率相关性显著为正，港股通资金的大量买入在一定程度上加大了港股的交易频率。同时，溢价率与香港 A – H 股的波动率之间显著为负，投资者的风险偏好有一定程度的提升。港股通要求持有金融资产满 50 万元的投资者才有资格开通陆港通业务，所以陆港通业务的散户投资者非常有限，参与港股通的投资者以保险机构、基金投资者为主，并没有影响港股投资者的主体投资风格，支持假设 3。

表 5.5　　　　　上海 A – H 股溢价率的 Fama – Macbeth 回归

(2011. 4. 1—2014. 11. 14)

全样本	(1)	(2)	(3)	(4)	(5)
TurnA	17. 7769 ***	11. 8358 ***	16. 5013 ***	19. 4759 ***	15. 2961 ***
	(25. 61)	(17. 36)	(26. 52)	(27. 30)	(21. 77)
TurnH	– 17. 6648 ***	– 28. 5037 ***	– 0. 8922	2. 8776 ***	– 4. 8889 ***
	(– 15. 06)	(– 20. 68)	(– 1. 07)	(3. 96)	(– 5. 50)

续表

全样本	（1）	（2）	（3）	（4）	（5）
ILLA			578. 5581 ***	551. 4406 ***	520. 2287 ***
			（27. 32）	（28. 08）	（26. 73）
ILLH			54. 8506 ***	46. 5419 ***	44. 6105 ***
			（27. 22）	（25. 44）	（23. 97）
LncmvA				0. 0699 ***	0. 0573 ***
				（22. 01）	（18. 47）
LncmvH				− 0. 1185 ***	− 0. 1094 ***
				（ − 36. 10）	（ − 34. 65）
VolA		8. 7828 ***			5. 2888 ***
		（17. 70）			（14. 57）
VolH		3. 5362 ***			3. 0192 ***
		（8. 91）			（10. 44）
Constant	0. 5343 ***	0. 2981 ***	0. 2306 ***	1. 2612 ***	1. 1927 ***
	（49. 58）	（25. 71）	（28. 90）	（67. 41）	（67. 25）
AVG R^2	0. 0987	0. 1777	0. 4187	0. 5451	0. 5771
Obs	53006	53006	53006	53006	53006

注：＊、＊＊、＊＊＊分别表示在10%、5%和1%水平上显著，括号内为 t 检验值。

表5. 6　　　　　　上海 A – H 股溢价率的 Fama – Macbeth 回归

（2014. 11. 17—2018. 6. 29）

全样本	（1）	（2）	（3）	（4）	（5）
TurnA	24. 9711 ***	24. 2514 ***	23. 2377 ***	23. 8724 ***	22. 3589 ***
	（30. 10）	（28. 42）	（30. 04）	（31. 62）	（28. 50）
TurnH	− 1. 9614 ***	− 4. 2536 ***	2. 9214 ***	7. 1665 ***	4. 5722 ***
	（ − 1. 96）	（ − 3. 71）	（3. 08）	（7. 59）	（4. 34）
ILLA			1336. 44 ***	1511. 828 ***	1364. 089 ***
			（25. 82）	（27. 71）	（24. 98）
ILLH			68. 1709 ***	41. 4026 ***	41. 4197 ***
			（20. 44）	（15. 66）	（15. 45）
LncmvA				0. 0610 ***	0. 0465 ***
				（14. 83）	（12. 56）

续表

全样本	（1）	（2）	（3）	（4）	（5）
LncmvH				− 0. 1131 ***	− 0. 1002 ***
				（− 26. 62）	（− 25. 79）
VolA		2. 0120 ***			4. 0666 ***
		（5. 98）			（12. 76）
VolH		− 0. 1496			− 0. 6112 *
		（− 0. 39）			（− 1. 82）
Constant	0. 6382 ***	0. 5864 ***	0. 4959 ***	1. 5777 ***	1. 5299 ***
	（105. 46）	（51. 57）	（77. 92）	（119. 80）	（114. 52）
AVG R^2	0. 2244	0. 2755	0. 3342	0. 4374	0. 4727
Obs	61947	61947	61947	61947	61947

注：＊、＊＊、＊＊＊分别表示在 10%、5% 和 1% 水平上显著，括号内为 t 检验值。

表 5. 7　　　　　　　　沪港 A－H 股换手率与流通市值之间的关系

	上海 A－H 股		香港 A－H 股	
	2011. 4. 1— 2014. 11. 14	2014. 11. 17— 2018. 6. 29	2011. 4. 1— 2014. 11. 14	2014. 11. 17— 2018. 6. 29
LncmvA	− 0. 0003 ***	0. 00003 ***	0. 0001 ***	0. 0002 ***
	（− 19. 17）	（2. 94）	（30. 43）	（37. 07）
Constant	0. 0146 ***	0. 0119 ***	0. 0023 ***	0. 0018 ***
	（34. 10）	（33. 69）	（18. 40）	（13. 37）
AVG R^2	0. 0088	0. 0063	0. 0277	0. 0333

注：＊、＊＊、＊＊＊分别表示在 10%、5% 和 1% 水平上显著，括号内为 t 检验值。

（二）深圳 A－H 股的溢价率影响因素分析

深圳市场以中小盘股票居多，中小盘股票的特点是流动性相对较差，而散户投资者喜欢投资此类股票。从表 5. 8 和表 5. 9 的结果看，不管是深港通开通前还是开通后，深圳 A－H 股的换手率与溢价率之间的关系都显著为正，A 股投资者仍然表现出很强的投机性，但深港通开通后的相关系数较开通前变小，投机效应有所减弱。香港 A－H 股的换手率与溢价率之间的关系在深港通开通前表现不稳健，在控制流通市值和风险因素后，其相关系数变得不显著。溢价率与 H 股流通市值的相关系数显著为负，溢价率与 H 股波动率的相关系数显著为正，说明港股投资者偏好投资大盘蓝筹股，同时这些股票的波动率较低。从表 5.10 的结果看，在深港通实施交易前，由于深圳 A – H 股流通市值偏小，港股投资者对这些股票的投资较少，这也是香港 A – H 股换手率与流通市值之间相关系数不显著的原因。在深港通实施交易后，香港 A – H 股换手率与溢价率之间的相关系数显著为负，同时香港 A – H 股换手率与流通市值之间的相关系数显著为正，港股通投资者仍然以流动性动机进行交易，这一结论与前文讨论的上海市场的相关结论是一致的，即陆港通政策不会改变港股的投资风格，港股投资者偏好投资大盘、低波动率蓝筹股。

表 5.8   深圳 A – H 股溢价率的 Fama – Macbeth 回归

(2011. 4. 1—2016. 12. 4)

全样本	(1)	(2)	(3)	(4)	(5)
TurnA	26. 6429 ***	30. 3322 ***	23. 5637 ***	23. 1518 ***	23. 6586 ***
	(26. 03)	(22. 83)	(25. 79)	(28. 53)	(17. 83)
TurnH	− 59. 1715 ***	− 61. 0652 ***	− 23. 7574 ***	− 0. 0519	− 2. 8578
	(− 27. 31)	(− 24. 88)	(− 14. 59)	(− 0. 03)	(− 1. 17)
ILLA			1109. 971 ***	446. 0265 ***	460. 1041 ***
			(16. 01)	(7. 50)	(6. 43)
ILLH			63. 4190 ***	23. 9169 ***	24. 9509 ***
			(19. 95)	(8. 81)	(7. 62)
LncmvA				− 0. 0644 ***	− 0. 0669 ***
				(− 6. 04)	(− 4. 21)
LncmvH				− 0. 3323 ***	− 0. 3195 ***
				(− 35. 03)	(− 25. 45)
VolA		− 5. 7377 ***			2. 0134 *
		(− 5. 51)			(1. 91)
VolH		2. 4008 ***			1. 4922 **
		(3. 49)			(2. 14)
Constant	0. 9317 ***	0. 9773 ***	0. 3363 ***	9. 1989 ***	8. 8701 ***
	(41. 21)	(30. 94)	(17. 31)	(42. 49)	(28. 57)

续表

全样本	（1）	（2）	（3）	（4）	（5）
AVG R^2	0. 5143	0. 6396	0. 7407	0. 8895	0. 9221
Obs	19301	19301	19301	19301	19301

注：＊、＊＊、＊＊＊分别表示在 10%、5% 和 1% 水平上显著，括号内为 t 检验值。

表 5. 9　　　　　深圳 A－H 股溢价率的 Fama－Macbeth 回归

(2016. 12. 5—2018. 6. 29)

全样本	（1）	（2）	（3）	（4）	（5）
TurnA	30. 7619 ***	34. 6761 ***	17. 8087 ***	13. 1131 ***	13. 0596 ***
	（20. 90）	（18. 68）	（14. 80）	（11. 78）	（8. 64）
TurnH	－ 40. 8447 ***	－ 43. 9957 ***	－ 13. 7531 ***	－ 18. 0008 ***	－ 16. 4471 ***
	（ － 18. 16）	（ － 18. 52）	（ － 9. 01）	（ － 10. 23）	（ － 8. 74）
ILLA			1467. 341 ***	537. 4982 ***	756. 4962 ***
			（8. 59）	（2. 95）	（10. 67）
ILLH			151. 3794 ***	96. 6570 ***	103. 1011 ***
			（13. 76）	（9. 70）	（13. 02）
LncmvA				0. 0864 ***	0. 0776 ***
				（6. 98）	（5. 80）
LncmvH				－ 0. 3262 ***	－ 0. 3018 ***
				（ － 28. 78）	（ － 26. 20）
VolA		－ 6. 7283 ***			0. 7136
		（ － 4. 27）			（0. 64）
VolH		3. 3075 ***			－ 2. 2082 **
		（2. 68）			（ － 2. 13）
Constant	0. 6921 ***	0. 6853 ***	0. 2536 ***	5. 7745 ***	5. 4260 ***
	（30. 43）	（18. 74）	（14. 28）	（19. 64）	（16. 86）
AVG R^2	0. 3363	0. 4724	0. 7529	0. 8599	0. 8961
Obs	6482	6482	6482	6482	6482

注：＊、＊＊、＊＊＊分别表示在 10%、5% 和 1% 水平上显著，括号内为 t 检验值。

表 5. 10   深港 A - H 股换手率与流通市值之间关系

	深圳 A - H 股		香港 A - H 股	
	2011. 4. 1—2016. 12. 4	2016. 12. 5—2018. 6. 29	2011. 4. 1—2016. 12. 4	2016. 12. 5—2018. 6. 29
LncmvA	- 0. 0076 ***	- 0. 0050 ***	0. 0001	0. 0004 ***
	(- 26. 82)	(- 13. 65)	(0. 98)	(6. 07)
Constant	0. 1955 ***	0. 1383 ***	0. 0058 **	- 0. 0013
	(29. 70)	(15. 57)	(2. 52)	(- 0. 96)
AVG R^2	0. 2135	0. 1586	0. 1835	0. 0658

注: * 、 ** 、 *** 分别表示在10% 、5% 和1% 水平上显著, 括号内为 t 检验值。

（三） 中国 A - H 股溢价率的面板数据分析

借助陆港通互联互通机制, 两地资金能够更加便利地流动, 在前面分析的基础上加入沪港通净流入量差值, 加入汇率变量, 得到表 5. 11 和表 5. 12, 换手率、流通市值、波动率的结果跟截面数据类似。A 股非流动性因子在面板数据的回归结果中显著为负, 即流动性越差的股票, 溢价率越低。2015 年 12 月, 中央经济工作会议首次提到实体经济去杠杆, 股权质押出现了比较严重的平仓问题, 股权质押比率高的股票的流动性非常欠缺, 投资者由此比较关注流动性风险, 流动性较差的股票价格较低, 所以溢价率与 A 股非流动性指标的相关系数显著为负。表中结果显示沪港通政策效应显著为负, 即沪港通资金起到了降低上海 A - H 股溢价率的作用, 但深港通政策效应显著为正, 即深港通资金起到了扩大深圳 A - H 股溢价率的作用。从表 5. 2 和表 5. 3 的结果看, 上海 A - H 股以大盘股居多, 深圳 A - H 股以小盘股居多, 陆港通资金主要是以机构资金进行运作, 双方都偏好流动性较好的大盘蓝筹股, 所以对上海 A - H 股的政策效应是负效应, 深圳市场投机动机较严重, 所以对深圳 A - H 的政策效应是正效应, 支持假设 4。

表5.11　　上海 A−H 股溢价率面板数据固定效应和随机效应回归

(2011. 4. 1—2018. 6. 29)

	固定效应模型		随机效应模型	
	(1)	(2)	(3)	(4)
TurnA	3.0100***	1.3783***	3.0138***	1.3871***
	(45.42)	(19.35)	(45.49)	(19.48)
TurnH	−3.4786***	−5.1109***	−3.4792***	−5.1149***
	(−19.12)	(−24.49)	(−19.13)	(−24.50)
ILLA		−0.9352***		−0.9167***
		(−8.38)		(−8.22)
ILLH		0.1855***		0.1858***
		(13.73)		(13.75)
LncmvA		0.0050***		0.0050***
		(10.73)		(10.70)
LncmvH		−0.0163***		−0.0163***
		(−23.66)		(−23.77)
VolA		3.8780***		3.8772***
		(52.66)		(52.64)
VolH		0.0530		0.0571
		(0.60)		(0.65)
NetH	−3.9329***	−4.3902***	−3.9325***	−4.3899***
	(−37.62)	(−42.64)	(−37.61)	(−42.63)
Exc		5.4611***		5.4683***
		(6.95)		(6.96)
Constant	0.6908***	0.8519***	0.7335***	0.9068***
	(386.76)	(72.11)	(10.01)	(16.39)
R^2	0.0296	0.0641	0.0296	0.0641
Obs	114952	114952	114952	114952

注：*、**、*** 分别表示在10%、5%和1%水平上显著，括号内为 t 检验值，在固定效应和随机效应回归中，R^2 表示组内 R^2。

表 5. 12　　深圳 A－H 股溢价率面板数据固定效应和随机效应回归

(2011. 4. 1—2018. 6. 29)

	固定效应模型		随机效应模型	
	（1）	（2）	（3）	（4）
TurnA	3. 7030 ***	3. 7478 ***	3. 7087 ***	3. 8030 ***
	(33. 96)	(30. 78)	(34. 01)	(31. 21)
TurnH	－8. 8822 ***	－9. 8431 ***	－8. 8834 ***	－9. 8507 ***
	(－25. 80)	(－23. 91)	(－25. 80)	(－23. 83)
ILLA		－0. 2225		－0. 2132
		(－1. 32)		(－1. 26)
ILLH		0. 2840 ***		0. 2863 ***
		(9. 88)		(9. 91)
LncmvA		0. 0012		0. 0010
		(0. 99)		(0. 86)
LncmvH		－0. 0212 ***		－0. 0217 ***
		(－12. 73)		(－12. 96)
VolA		0. 2100		0. 2058
		(1. 09)		(1. 06)
VolH		1. 0949 ***		1. 1066 ***
		(6. 21)		(6. 24)
NetS	5. 1546 ***	3. 6777 ***	5. 1531 ***	3. 6368 ***
	(4. 62)	(3. 30)	(4. 62)	(3. 25)
Exc		2. 9916		2. 9658 ***
		(1. 39)		(6. 96)
Constant	1. 0386 ***	1. 4260 ***	1. 0096 ***	0. 9068 ***
	(213. 32)	(51. 58)	(5. 44)	(1. 37)
R^2	0. 0562	0. 0692	0. 0562	0. 0692
Obs	25783	25783	25783	25783

　　注：*、**、***分别表示在 10%、5% 和 1% 水平上显著，括号内为 t 检验值，在固定效应和随机效应回归中，R^2 表示组内 R^2。

二、 市场收益率和波动率的溢出效应

(一) 静态溢出效应分析

先对变量进行平稳性检验，结果如表 5.13 所示，上证指数、深圳成指、香港恒生指数的收益率和波动率都是平稳的。再根据信息准则确定 VAR 模型的阶数，上证指数、深圳成指、恒生指数的收益率根据 FPE、AIC 准则均需要滞后 6 期，波动率按照 HQIC 准则需滞后 8 期，按照 SBIC 准则需要滞后 4 期，折中计算需要滞后 6 期，故对收益率和波动率均采用滞后 6 期、预测步长为 6 期进行计算。由 (5.6) 式，进行 Cholesky 方差分解，得出表 5.14 和表 5.15，从市场收益率的溢出指数看，沪港通开通前的溢出指数要大于开通之后的溢出指数，主要原因是三个市场受自身的影响都在增强，受其他市场的相互影响减弱，因为沪港通开放后，资金可以直接买入想要投资的股票，这也是第三章实证陆股通股票出现动量效应的原因，所以市场之间同涨同跌现象趋于弱化。从市场波动率的溢出指数看，沪港通开通后的溢出指数要大于开通之前的溢出指数，同时，香港市场贡献给其余市场的预测方差有很大的提升，表明三个市场之间的波动性在相互加强，相较于沪港通开通前，一个市场的剧烈波动会更快传导到另一个市场。

表 5.13　　　　　　　　　　变量的单位根检验

收益率	ADF 值	结论	波动率	ADF 值	结论
SH	- 15.224 ***	平稳	SH	- 8.298 ***	平稳
SZ	- 14.546 ***	平稳	SZ	- 9.627 ***	平稳
HK	- 15.274 ***	平稳	HK	- 11.336 ***	平稳

注：*** 表示在 1% 的水平上显著，1% 的临界值为 - 3.960，检验形式采用带有截距项、趋势项和差分滞后阶数为 6 的单位根检验。

表 5.14　　　　　　　　　　市场收益率间的溢出效应

2011.4.1—2014.11.14				
	SHI	SZI	HS	来自其他贡献
SHI	0.9779	0.0175	0.0046	0.0221

续表

2011. 4. 1—2014. 11. 14			
	SHI	SZI	HS	来自其他贡献
SZI	0.8617	0.1354	0.0029	0.8646
HS	0.3220	0.0128	0.6652	0.3348
贡献给其他	1.1837	0.0303	0.0075	1.2215

溢出指数: 40.72%

2014. 11. 17—2018. 6. 29			
	SHI	SZI	HS	来自其他贡献
SHI	0.9785	0.0117	0.0098	0.0215
SZI	0.8250	0.1658	0.0092	0.8342
HS	0.2700	0.0094	0.7206	0.2794
贡献给其他	1.0950	0.0211	0.0190	1.1351

溢出指数: 37.84%

表 5.15　　　　　　　　市场波动率间的溢出效应

2011. 4. 1—2014. 11. 14			
	SHI	SZI	HS	来自其他贡献
SHI	0.9817	0.0136	0.0047	0.0183
SZI	0.6478	0.3500	0.0022	0.6500
HS	0.1195	0.0326	0.8479	0.1521
贡献给其他	0.7673	0.0462	0.0069	0.8204

溢出指数: 27.35%

2014. 11. 17—2018. 6. 29			
	SHI	SZI	HS	来自其他贡献
SHI	0.9203	0.0686	0.0111	0.0797
SZI	0.7830	0.1871	0.0299	0.8129
HS	0.1970	0.0125	0.7906	0.2094
贡献给其他	0.9800	0.0811	0.0410	1.1021

溢出指数: 36.74%

（二）动态溢出效应分析

设定滚动窗口时间长度为 104 天，将溢出指数进行迭代，分别计算收益率和波动率的溢出指数，结果如图 5.1 和图 5.2 所示。从图中可以看出，沪港通和深港通开通初期（开通之后 1 个月时间），市场收益率和波动率的溢出指数都在增加，表明在短期内，两地市场间的联动变强。

按照实务界的计算方法，当一个市场指数从最低点上升 20% 时，市场进入牛市行情，当一个市场指数从最高点下降 20% 时，市场进入熊市行情。针对这两种情形进行分析。2017 年 1 月 3 日至 2017 年 12 月 31 日，香港恒生指数累计上涨 35.07%，在此期间市场收益率的溢出指数从年初的最高值 45.51% 开始逐渐下降，2017 年 6 月 7 日达到最低值 32.63% 后开始上升，收益率溢出指数的变动总体上呈现震荡下跌的态势，三个市场间收益率联动减弱；而这段时间内，市场波动率的溢出指数从 2017 年 1 月 20 日的最低值 27.41% 逐步开始上升，2017 年 7 月 3 日达到最高值 37.96%，之后溢出指数开始下降，波动率溢出指数呈现先震荡变强而后又变弱的态势，即三个市场之间的风险联动性先增强后减弱。2018 年 1 月 24 日至 2018 年 6 月 29 日，上证指数累计下跌 20%，在三个指数同时下跌的过程中，市场收益率的溢出指数在不断变大，从年初的 42% 上升到 2018 年 6 月的 52%，同时，市场波动率的溢出指数出现震荡上升的情况，溢出指数在 30% 至 50% 的区间内波动，表明市场风险在释放过程中，三个市场的联动性更强，融合程度更高，支持假设 5。

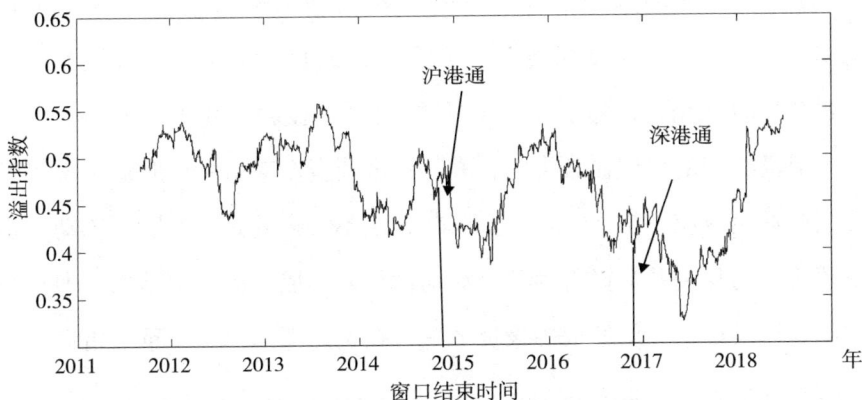

注：此处为市场收益率溢出指数，滚动窗口时间长度为 104 天，滞后期为 2，

　　预测步长为 4 天，变量次序为上证指数、深圳成指、恒生指数。

图 5.1　市场收益率的溢出指数（2011.4.1—2018.6.29）

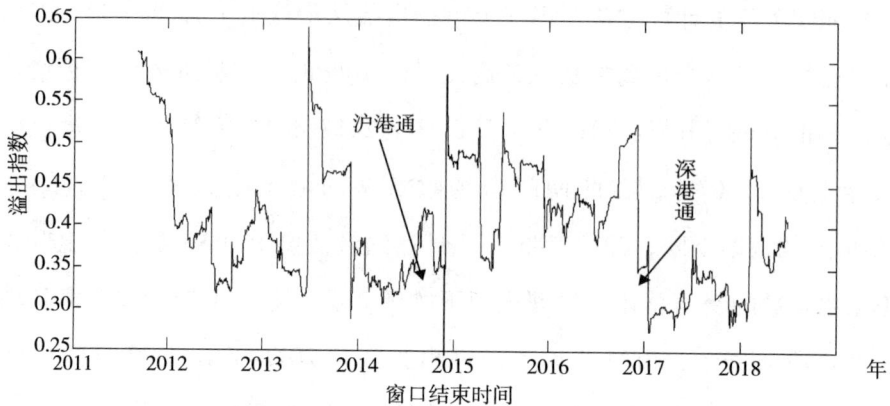

注：此处为市场波动率溢出指数，滚动窗口时间长度为104天，滞后期为2，

预测步长为4天，变量次序为上证指数、深圳成指、恒生指数。

图5.2 市场波动率的溢出指数（2011.4.1—2018.6.29）

三、稳健性检验

（一）溢价率的稳健性检验

为检验模型（5.3）的稳健性，将样本的时间变换为2011年9月1日至2018年2月1日，检验结果如表5.16所示。结果显示溢价率与A股投资者的换手率仍然显著正相关，溢价率与H股的换手率显著负相关，沪港通资金净流入比率对溢价率的作用显著为负，表明沪港通资金对A－H股溢价率仍然具有较强的政策负效应。与Fama－Macbeth方法不一样的是，A股非流动性指标与溢价率之间的相关系数显著为负，流动性越差的股票溢价率越低，即在沪港通机制下，流动性指标已经成为投资者进行投资时考虑的一个重要指标。

表5.16 上海A－H股溢价率面板数据固定效应和随机效应回归（2011.9.1—2018.2.1）

	固定效应模型		随机效应模型	
	（1）	（2）	（3）	（4）
TurnA	3.3109 ***	1.5054 ***	3.3154 ***	1.5153 ***
	（46.95）	（19.85）	（47.03）	（19.99）

续表

	固定效应模型		随机效应模型	
	（1）	（2）	（3）	（4）
TurnH	– 3. 2821 ***	– 4. 8684 ***	– 3. 2828 ***	– 4. 8720 ***
	（ – 17. 20）	（ – 22. 20）	（ – 17. 20）	（ – 22. 21）
ILLA		– 0. 8073 ***		– 0. 8025 ***
		（ – 6. 55）		（ – 6. 51）
ILLB		0. 1976 ***		0. 1980 ***
		（13. 85）		（13. 87）
LncmvA		0. 0060 ***		0. 0060 ***
		（12. 07）		（12. 03）
LncmvB		– 0. 0174 ***		– 0. 0175 ***
		（ – 24. 15）		（ – 24. 25）
VolA		4. 1381 ***		4. 1381 ***
		（53. 41）		（53. 40）
VolH		0. 0158		0. 0194
		（0. 17）		（0. 21）
NetH	– 4. 7163 ***	– 5. 4019 ***	– 4. 7169 ***	– 5. 4044 ***
	（ – 40. 10）	（ – 46. 66）	（ – 40. 10）	（ – 42. 63）
Exc		7. 7953 ***		7. 7871 ***
		（8. 87）		（8. 85）
Constant	0. 6754 ***	0. 8309 ***	0. 7012 ***	0. 8686 ***
	（344. 76）	（69. 87）	（9. 42）	（15. 24）
R^2	0. 0352	0. 0748	0. 0352	0. 0748
Obs	101884	101884	101884	101884

注：＊、＊＊、＊＊＊分别表示在10%、5%和1%水平上显著，括号内为 t 检验值。在固定效应和随机效应回归中，R^2 表示组内 R^2。

（二）溢出效应的稳健性检验

在计算移动溢出指数的过程中，将窗口时间长度从104天变为200天，滞后期维持2期不变，结果如图5.3和图5.4所示，将滞后期数变为3期，将预测步长变为 6 天，结果如图 5.7 和图 5.8 所示。结果仍然表明在陆股通开通初期，市场收益率和波动率的溢出指数都在变大，在市场上涨过程中，市场收益率的溢出指数呈现震荡下跌的状态，即市场收益率的溢出效应减弱，市场波动率的溢出指数呈现先快速变大后快速变小的状态，即市场波动率的溢出效应先变强后减弱；在市场下跌过程中，市场收益率、市场波动率的溢出效应都表现为相互增强。

由于 Cholesky 方差分解依赖变量之间的先后顺序，此前计算过程中采用的次序是上证指数、深圳成指、恒生指数，改变变量之间的次序为恒生指数、上证指数、深圳成指，分别运行收益率数据和波动率数据，得出图 5.5 和图 5.6。得出的结论仍然和前面一致，沪港通和深港通开通初期，市场收益率和波动率的溢出指数都变大，内地和香港市场融合性有所增强，在上涨的行情中，收益率溢出指数在变弱，波动率溢出指数先变强后变弱，在下跌的行情中，收益率溢出指数在变强，波动率溢出指数也在增强。

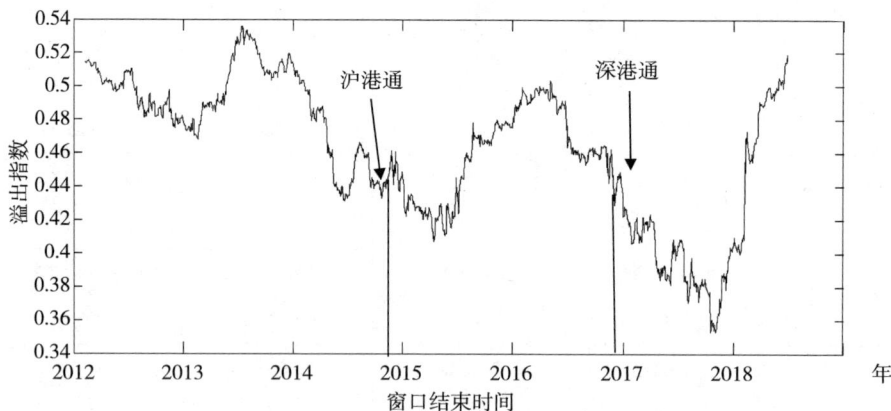

注：此处为市场收益率溢出指数，滚动窗口时间长度为 200 天，滞后期为 2 期，

预测步长为 4 天，变量次序为上证指数、深圳成指、恒生指数。

图 5.3　市场收益率的溢出指数 （2011.4.1—2018.6.29）

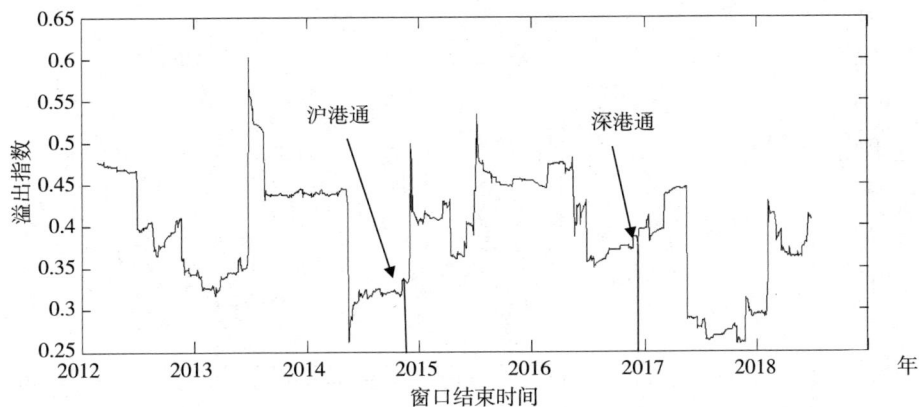

注：此处为市场波动率溢出指数，滚动窗口时间长度为 200 天，滞后期为 2 期，预测步长为 4 天，
　　变量次序为上证指数、深圳成指、恒生指数。

图 5. 4　市场波动率的溢出指数（2011. 4. 1—2018. 6. 29）

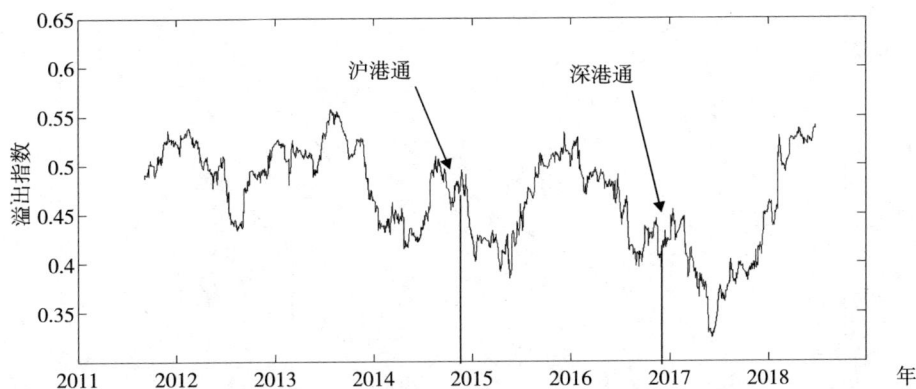

注：此处为市场收益率溢出指数，滚动窗口时间长度为 104 天，滞后期为 2 期，预测步长为 4 天，
　　变量次序为恒生指数、上证指数、深圳成指。

图 5. 5　市场收益率的溢出指数（2011. 4. 1—2018. 6. 29）

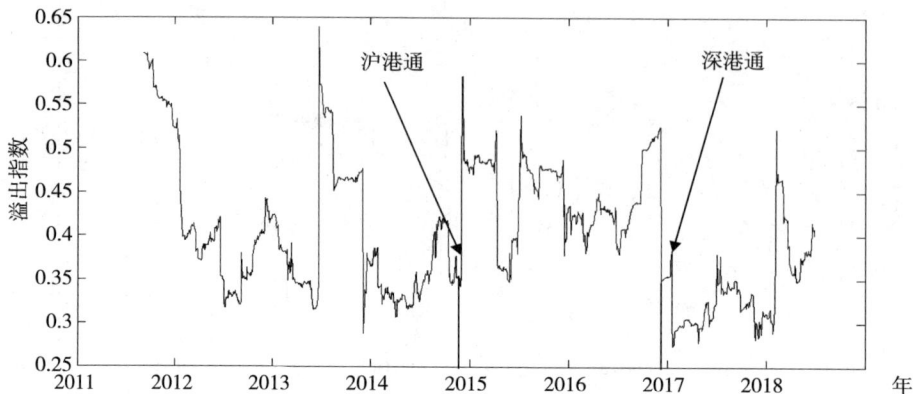

注：此处为市场波动率溢出指数，滚动窗口时间长度为 104 天，滞后期为 2 期，

预测步长为 4 天，变量次序为恒生指数、上证指数、深圳成指。

图 5.6　市场波动率的溢出指数（2011. 4. 1—2018. 6. 29）

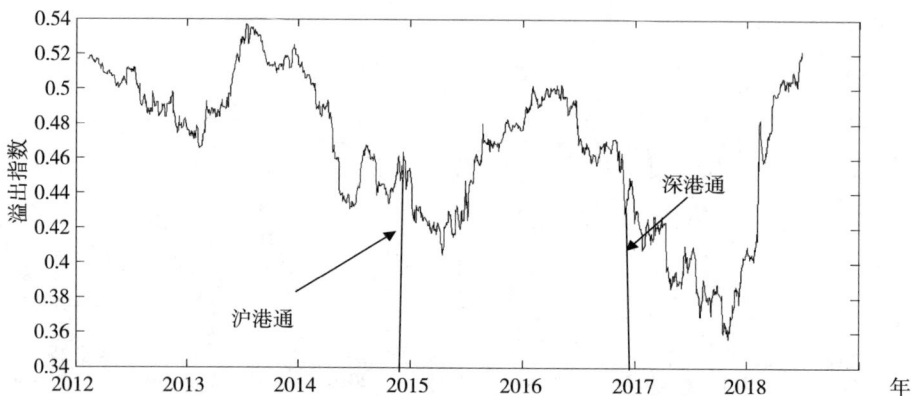

注：此处为市场收益率溢出指数，滚动窗口时间长度为 200 天，滞后期为 3 期，

预测步长为 6 天，变量次序为上证指数、深圳成指、恒生指数。

图 5.7　市场收益率的溢出指数（2011. 4. 1—2018. 6. 29）

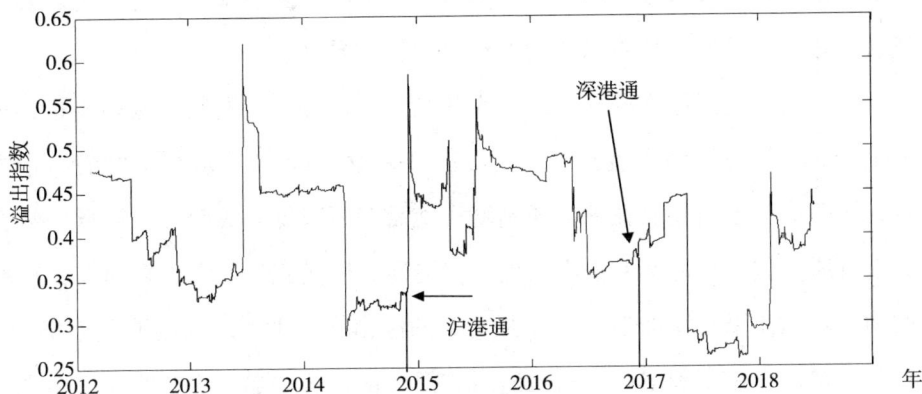

注：此处为市场波动率溢出指数，滚动窗口时间长度为 200 天，滞后期为 3 期，
预测步长为 6 天，变量次序为上证指数、深圳成指、恒生指数。

图 5.8　市场波动率的溢出指数（2011. 4. 1—2018. 6. 29）

第五节　本章小结

本章利用 Fama－Macbeth 数据分析方法得出影响 A－H 股溢价率的因素主要有换手率、流动性、市值等；利用面板数据分析得出陆港通制度有抑制投机动机的作用；计算两地三个市场收益率和波动率的溢出指数，得出 A 股和 H 股在不同的市场行情中，收益率溢出指数和波动率溢出指数呈现不同的结果，在陆港通政策实施后，市场之间的融合度总体上有所增强。

首先，在两地同时上市的 A－H 股中，大盘股集中在上海市场，小盘股集中在深圳市场。实证结果发现：（1）沪港通资金对上海 A－H 股溢价率的政策效应为负。在沪港通开通前，上海 A－H 股的换手率与流通市值显著负相关，投资者行为表现为投机动机；而在沪港通政策实施后，由于沪股通资金的参与，上海 A－H 股的换手率与流通市值显著正相关，投资者行为表现为流动性动机。（2）深港通资金对深圳 A－H 股溢价率的政策效应为正，扩大了相应 A－H 股的溢价率。（3）港股通资金在陆港通制度前后，没有改变香港投资者的投资风格。在陆港通制度前后，香港市场 A–H 股换手率与流通市值都表现为显著正相关，投资者始终以流动性动机进行交易。

其次，以陆港通制度推出的时间为分割点，计算上证指数、深圳成指、香港恒生指数的静态和动态溢出指数。实证结果发现：（1）从静态的溢出指数来看，收益率的溢出指数在沪港通制度实施后有所降低，表明三个市场指数在走势上有所分化；波动率的溢出指数在沪港通制度实施后变大，表明三个市场的波动性协同作用有所加强。（2）从动态的溢出指数来看，陆港通政策实施1个月时间内，收益率和波动率的溢出指数都出现显著增强，表明两地市场之间的融合程度都在加强。（3）当其中有一个市场处于牛市行情时，三个市场收益率溢出指数变小，价格协同变化减弱，但波动率溢出指数先变大后变小，风险波动呈现震荡状态。当所有市场处于熊市行情时，三个市场的收益率溢出指数和波动率溢出指数都显著变大，三个市场在下跌过程中协同运行方向更加一致，协同运行风险在加剧。

第六章
研究结论及启示

　　对于新兴资本市场而言，资本市场大幅度开放是金融市场发展的必由之路。资本市场开放后，相关资产价格的定价机制和波动率如何变化，就成为金融市场领域研究的热点问题之一。随着明晟指数、富时罗素国际指数和标准普尔指数纳入 A 股，外资成为与保险、基金、社保基金规模相当的另一重要资金，而且随着纳入因子的不断提升，可以预见其规模将会超越国内基金的规模。庞大的资金必然会对纳入的股票价格形成影响，同时对相关股票的价格波动性也会造成冲击。从历史经验看，韩国和中国台湾纳入明晟指数后，市场投资者结构发生了巨大的改变，在全面纳入明晟指数后，整个市场的波动性在明显下降。沪伦通已开通运行，华泰证券是首家公告欲通过 GDR（全球存托凭证）在伦交所上市的企业。中欧交易所 D 股上市公司将会越来越多，资本市场的逐步有序开放将会使中国大陆 A 股投资者的投资风格发生巨变。外资偏好的大盘蓝筹股将会获得很好的发展，这些公司治理优越，信息透明度高，可持续发展能力强，外资机构的这种投资风格会感染本地的投资者。随着陆港通交易规模越来越大，A 股港股化的特征正在逐渐显现，作为互联互通机制的另一方，港股的投资风格并不会发生质的变化，不会出现港股 A 股化的特征。

　　前期文献聚焦于陆港通制度对 A 股的价格和波动性的影响，缺乏对 A 股投资者结构变化和市场结构性特征的研究，更缺乏对两地市场相互影响的时变过程的研究。本书首次将陆股通投资者引进股票价格动态定价模型，探究陆股通投资者如何影响其他投资者的投资行为，并进一步分析这些投资者对其投资的相关股票价格和波动性的影响，同时结合港股通资金，以陆港通开通时间为背景，构建了时变的溢出指数，从而更加精确地研究了香港和内地证券市场的加速融合过程。

第一节　研究结论

本书首先构建了陆港通制度初期和中期陆股通重仓股票的动态模型，以四种投资者的相互博弈引起的股票价格变化为基础，得出陆港通制度初期到中期（一年九个月后），相应股票的价格呈现动量效应。这一模型成立的条件是低换手率的股票相较于高换手率的股票存在更强的动量效应。由于外资机构投资者买入股票后会长期持股，陆港通制度在一定程度上降低了相应股票的波动率。其次，为了克服内生性问题，本书引入一种特殊的政策效应面板数据评估方法。在假定匹配组股票和实验组股票存在固定的线性关系的情况下，估计出反事实波动率，通过对比反事实波动率和真实波动率的结果，得出陆港通制度对波动率的政策效应。最后，陆港通作为一种互联互通的特殊制度，对两地三个市场的影响是相互的。为了避免公司基本面带来的影响，以 A－H 股为样本考查两地股票价格的相互变化，以两地的三个指数考查市场价格和波动性的溢出效应，而随着政策的变化和时间的推移，模型中的参数是时变的，为此需进一步研究时变模型下的溢出指数。下面就本书的相关结论进行介绍：

1. 本书从理论与实证的角度验证了陆股通股票具备中期（6 个月）动量效应，在加入陆股通持股排序的情况下，这一效应更加明显。

首先，本书构建了基于陆股通交易者、消息观察者、动量交易者、套利交易者共四种交易者的股票价格动态模型。在陆港通机制运行初期，由于陆股通资金的缓慢买入，陆股通重仓股会呈现缓慢上升态势。在陆股通持股到达一定数量的时候，股票价格呈现加速上升的态势。随着负面信息的传播，股票的价格会出现反转，反转的幅度需要根据负面信息传播的持续性来确定，模型构建出来的股票价格形态与实际中部分股票价格的走势吻合。

其次，利用香港联交所公布的一组陆股通持股明细数据，实证了在陆股通持股比率和收益率先后排序的情况下，高持股赢家组合具备更强的动量效应，且在做多高持股赢家组合，同时做空高持股输家组合的情况下，能够获得显著的正收益。以换手率和收益率进行先后排序，换手率较低的组合相对于换手率较高的组合有更高的收益率。在控制换手率的情况下，陆股通持股比例较高的股票仍然表现出显著的动量效应，且持股比例高的组合比持股比例低的组合获得的收益率更高，这说明陆股通持股对动量效应起到了很强的作用。在控制陆股通持股的情况下，低换手率股票仍然具有显著的动量效应，说明信息的缓慢传递是产生动量效应的另一原因。进一步分析，陆股通资金偏好投资大盘蓝筹股，在控制市值的情况下，陆股通持股比例较高的股票不再具备显著的动量效应，从侧面进一步说明是陆股通资金引起了相关股票的中期动量效应。

2. 本书对曾经出现在陆股通成交额前十名的股票，对陆港通制度前后的波动率变化进行了系统的研究。主要通过未纳入陆股通股票的波动率构建陆股通实验组的反事实波动率，通过对比陆股通股票的真实波动率和反事实波动率，得出陆港通制度的政策效应。

首先，沪港通正式实施交易的初期，相应的股票波动率显著变大，沪股通资金对相应股票波动率的效应显著为正，沪股通资金的快速流入加剧了相应股票的波动性。沪港通政策中期（沪港通政策实施一年九个月后），相应股票的波动率显著降低，在融资融券余额比率和股指期货变化率作为控制变量的情况下，沪股通资金的流入仍然会显著降低相应股票的波动率，同时削弱了融资对波动率产生的负效应，外资有稳定股票市场的作用。研究发现沪股通资金偏好投资大市值、高股息率、低换手率、高净资产收益率股票，这些股票的波动率降低幅度更大。

其次，深港通实施交易后，有 47.66% 的股票波动率显著降低，45.79%

的股票波动率显著变大，股票波动率呈现结构性变化。实证结果显示：（1）深港通政策对股票波动率的效应是显著的，93.46%的股票波动率发生了显著的变化，深股通股票波动率显著变小的只数稍大于波动率显著变大的股票只数；（2）股票总体经过流通市值加权后，在深港通政策后的波动率显著下降，深股通资金偏好投资大市值、净资产收益率高、净利润增长率高的股票，这些股票的波动率下降幅度更大；（3）深股通资金净额比率对波动率产生显著的负效应，此效应在融资融券余额比率和股指期货变化率存在的情况下作用更强，即深股通资金对杠杆资金产生的暴涨暴跌现象有抑制作用。这些结果都具有稳健性，在一定程度上弥补了关于深港通相关研究的缺失。MSCI 首批纳入 234 只陆股通股票进行交易，可以预见，MSCI 资金会对这些股票的波动率产生显著的负效应。随着 MSCI 指数逐步纳入所有 A 股，整个市场的波动率都将有效降低，市场换手率也将进一步降低。

3. 本书研究了陆港通制度对 A－H 股溢价率的影响。本书利用 Fama－Macbeth 数据分析方法，得出影响溢价率的因素主要有投资动机、流动性、市值等，利用面板数据分析得出陆港通制度有抑制投机动机的作用，同时计算出两地之间波动率溢出指数，在熊市的情况下，A 股和 H 股的波动性相互影响正在逐渐加强。

首先，在两地同时上市的 A－H 股中，大盘股集中在上海市场，小盘股集中在深圳市场。实证结果显示：（1）沪港通资金对上海 A－H 股溢价率的政策效应为负。在沪港通开通前，上海 A－H 股的换手率与流通市值显著负相关，投资者行为表现为投机动机；而在沪港通政策实施后，由于沪股通资金的参与，上海 A－H 股的换手率与流通市值显著正相关，投资者行为表现为流动性动机。（2）深港通资金对深圳 A－H 股溢价率的政策效应为正，扩大了相应 A－H 股的溢价率。（3）港股通资金在陆港通制度实施前后，没有改变香港投资者的投资风格。在陆港通制度实施前后，香港市场 A－H 股都表现为换手率与流通市值显著正相关，投资者始终以流动性动机进行交易，港股投资者的投资风格没有发生改变。

　　其次，以陆港通制度时间为分割点，计算上证指数、深圳成指、香港恒生指数的静态和动态溢出指数。实证结果显示：（1）从静态的溢出指数来看，收益率的溢出指数在沪港通制度实施后有所降低，表明三个市场在价格走势上有所分化，波动率的溢出指数在沪港通制度实施后变大，三个市场的波动性协同作用有所加强。（2）从动态的溢出指数来看，在陆港通政策初始实施的 1 个月时间，收益率和波动率的溢出指数都出现显著增强的结果，两地市场之间的融合程度都在加强。（3）当其中有一个市场处于牛市行情时，三个市场收益率溢出指数变小，价格协同变化减弱，但波动率溢出指数先变大后变小，风险波动呈现震荡状态。当所有市场处于熊市行情时，三个市场的收益率溢出指数和波动率溢出指数都显著变大，三个市场在下跌过程中协同运行方向更加一致，协同运行风险在加剧。

第二节　政策建议

　　本书系统性研究了我国证券市场从封闭市场转变为开放市场过程中，陆港通政策对 A 股和 H 股价格和波动性的影响。在资本市场的开放过程中，投资者结构发生了一定的变化，A 股投资者正在完成去散户化的进程，陆股通资金将为中国股市提供可靠的长期资金。同时，中国内地股市和香港股市的风险联动性在进一步加强，本书为两地监管部门如何协调监管提供了一定的参考。实证分析结果为我国资本市场的发展提供了一些政策建议：

　　第一，制定政策规范停牌制度，规范上市公司信息披露机制，提高 A 股纳入 MSCI 的权重。在股票价格大幅下跌的时候，A 股许多公司由于大股东股权质押比重过高，容易出现平仓，从而导致公司控制权旁落，所以这些公司采用停牌的方式规避下跌，甚至出现先停牌后找意向并购对象和引进战略投资者。这就造成很多公司停牌三个月甚至半年以上，相关股票的流动性完全缺失，投资风险很高。监管层可以允许这些公司在披露信息的同时，股票正常交易，为了避免重大信息对股价的严重影响，可以借鉴香港证券市场的经验，允许盘中临时停牌，当天公告完信息后立即复盘交易，对于重大事件涉及的政策审批等风险需要详细披露。另外，对公司停牌时间应该设置上限，要求其在规定时间内复牌交易。

第二，加强跨境市场监管，积极披露陆股通资金持股数据。2016 年，证监会经调查发现，唐某博等人涉嫌操纵沪股通标的股票"小商品城"，非法获利 4000 余万元。跨境资金流动风险需要进一步防范。随着 A 股纳入 MSCI 指数，沪港通、深港通的交易将更加频繁，建立适合两地资本市场跨境合作的机制，确保两地市场的深度融合和法治化运行尤为重要。从已经披露的 2017 年公司年报来看，外资大部分持股集中于格力电器、五粮液、贵州茅台等少数优质股票。这一投资行为有别于 A 股散户投资者炒差、炒小的行为特征。从市场收益率来看，陆股通持股比例超过流通市值 5% 的股票都出现持续小幅上涨的慢牛走势，及时公开披露陆股通资金持股数据，有利于引导散户投资者从事理性投资，起到稳定市场的作用。

第三，鼓励价值投资，规范公司分红制度。陆股通资金偏好投资大市值、净资产收益率高、增长率高的股票。这些股票同时具有高分红的特征，这也是 MSCI 等机构长期持有股票的原因。可以预见，业绩好且具有持续分红能力的优质公司将备受投资者的青睐。业绩出现连续亏损的公司，流动性将会变差，股价会出现大幅度下跌，与此同时，这些公司的股票波动性会显著升高。

第四，加强投资者教育，引导散户投资者实行价值投资。作为新兴市场经济体最大的股票交易市场，过去很长一段时间，内地投资者喜欢投资劣质股票，而这一情况在陆股通实施交易后已经大有改善。大量业绩差的股票出现日成交金额低于 1000 万元的情况，这一数目在 2018 年 8 月 22 日达到 815 只。外资投资者不再盲目地简单使用追涨策略，而是根据业绩有选择地投资股票，引导资金流向优质的股票。由于内地证券市场的散户投资者知识水平有限，大多数散户投资者不会解读财务报表，因此监管层有必要进行投资者教育。在义务教育阶段引入证券投资教育，提升国民投资的基本素质，从根本上引导投资者进行价值投资，为中国证券市场的长期昌盛奠定坚实的基础。

第五，进一步完善市场监管体系，建立有效识别陆股通资金流向的机制。在资本市场开放的过程中，我国金融监管部门应当着力提高监管水平，保证监管的有效性和连续性，保障我国经济与金融体系的稳定性。在微观层面，金融机构应当加强内部控制，建立自身审慎、健康的企业文化，防止内部系统的腐败。在中观层面，应当加强行业自律，形成行业协会自主管理和内部监督的有效机制，对政府监管体系形成很好的补充，行业自律与宏观监管各司其职，将使资本市场开放的风险传递性和破坏性大幅降低。在宏观层面，监管部门应着力提高风险识别的及时性、全面性和有效性，创新监管手段，建立风险应急处置机制，便于监管机构在风险发生时采取有效监管措施；监管部门之间应当加强政策协调和信息沟通，形成监管合力。我国应当依托实际情况，结合国际经验，建立科学有效的金融风险预警系统，以便于宏观调控，有利于监管部门采取前瞻性的防范措施。

第三节 研究展望

本书研究了陆港通制度对两地三个市场的价格、波动性的影响，相关结论有助于研究中国资本市场逐步开放情况下，我国投资者结构变化和两地市场风险协同变化。明晟指数、富时罗素国际指数、道琼斯指数相继纳入 A 股，都是借助陆港通通道纳入不同的标的。外资通过陆股通持股的份额占总持股的大多数，国内机构投资者的平均持股时间只有 2 个月，而这些外资机构投资者的持股时间可以达到 5 年。更为重要的是这些机构忽视短期市场的波动，长期持有大市值、业绩好、分红高、低波动率的股票，对 A 股的投资者生态系统造成了很大的影响。一方面，外资的不断流入会引起部分股票的重新定价；另一方面，资本的大规模快进快出会引发系统性风险和特质性风险，也会给跨市场监管带来困难。

根据国际指数纳入国外股票的历史经验，从初次纳入到完全纳入所有股票，整个历程需要 10 年左右时间。以中国台湾和韩国为例，按 100% 因子纳入之后，外资占所有股票流通市值的 10%，而外资只重点投资部分优质股票，这一行为会对这些重仓股票的投资者生态环境产生极大的影响。本地的散户投资者和机构投资者受外资的影响程度不同，同时这些股票的特质性风险相较纳入之前也会发生明显的变化。中国的经济体量已经跃居世界第二，而目前外资配置中国股票的比例偏低，随着中国资本市场的加速开放和 A 股投资环境的变化，A 股的投资者结构和风险特征都将发生质的变化。未来有以下几个内容值得深入研究：

1. 研究国际指数逐步纳入 A 股情况下，外资是否具备追涨杀跌的特征，在引领国内机构投资者的投资风格方面存在的特殊贡献。

本研究可以采用 FHW 测度，分别从个股和行业层面考察外资机构与外资机构之间、外资机构与境内机构之间的群体内羊群行为强度，考查外资对境内机构投资者的影响。FHW 羊群行为测度公式为

$$H_{s,t} = \frac{(b_{s,t} - n_{s,t}\tau_t)^2 - n_{s,t}\tau_t(1 - \tau_t)}{n_{s,t}(n_{s,t} - 1)} \tag{6.1}$$

其中，$H_{s,t}$ 表示机构投资者在 t 期对资产 s 的羊群行为测度，$b_{s,t}$ 表示 t 期买入资产 s 的机构数量，$n_{s,t}$ 表示 t 期买入资产 s 和卖出资产 s 的机构数量之和，τ_t 表示 t 期各资产的买入机构数量之和与 t 期各资产的买入和卖出机构之和的比例。

明晟指数已经开始对纳入指数的标的股票进行 ESG 评分，国外机构投资者的专业性更强，以贵州茅台为类，许多外资机构投资者持有贵州茅台的时间已经接近 5 年，持股时间远超国内机构投资者。在区分群体内和群体间羊群行为的基础上，在个股层面和行业层面，从静态和动态的视角，通过扩展和比较羊群行为的 Sais 测度和 FHW 测度，实证分析陆股通投资者与境内机构投资者

羊群行为强度的差异和联系，检验导致国内机构投资者羊群行为的原因，从侧面进一步验证外资对中国机构投资者生态系统的影响。需要解决以下两个问题：（1）检验外资投资者的羊群效应，对市场稳定性影响如何；（2）外资的行为如何影响国内机构投资者，影响机制是什么。

2. 研究资本市场逐步开放条件下，陆港通对相关股票特质性波动率的影响，分析引起特质性波动率的内在原因。

不失一般性，可以假设存在两个独立国家：国家 A 和国家 B。国家 A 为本国的投资者提供了 M 只可自由交易的股票，而国家 B 为本国居民提供了 N 只可自由交易的股票。同时假设无论在 A 国还是在 B 国，股票的回报率均满足 Fama－French 模型。即对于国家 i（$i=A$，B）的股票 j，其在时刻 t 的回报率 $R_{i,j,t}$ 满足如下公式：

$$R_{i,j,t} = b_{i,j,m,0} + b_{i,j,m,1}MKT_{i,t} + b_{i,j,m,2}SMB_{i,t} + b_{i,j,m,3}HML_{i,t} + \varepsilon_{i,j,t} \quad (6.2)$$

其中，MKT_i 表示国家 i 市场组合的超额回报，SMB_i 表示国家 i 市场的规模因子，HML_i 表示国家 i 市场的价值因子，$\varepsilon_{i,j}$ 表示国家 i 股票 j 的特质方差。这样国家 A 在国家层面的特质波动率为

$$\sigma_A^2 = \sum_{j=1}^{M} w_{A,j}\sigma^2(\varepsilon_{A,j}) \quad (6.3)$$

其中，$w_{A,j}$ 表示国家 A 股票 j 占国家 A 股市市值的比重。同理，国家 B 在国家层面的特质波动率为

$$\sigma_B^2 = \sum_{j=1}^{N} w_{B,j}\sigma^2(\varepsilon_{B,j}) \quad (6.4)$$

其中，$w_{B,j}$ 表示国家 B 股票 j 占国家 B 股市市值的比重。

现假设在某个随机时刻 T，国家 A 和国家 B 签署协议，同意将两个国家原来独立的股票市场联通，从而允许 A 国市场的（部分）股票可以在 B 国市场上交易，同时 B 国市场的部分股票可以在 A 国市场上交易。这种协议带来的直接影响是，无论是在 A 国市场，还是在 B 国市场，可供投资者交易的股票数量增多。但是另一个不可忽略的重要因素是，A 国股票的特质风险会顺势

进入 B 国市场，而 B 国股票的特质风险也会顺势进入 A 国市场。因此，本研究的一个主要目的即为研究这种互联互通制度对特质性波动的影响作用和影响机制。需要解决以下问题：（1）对比陆股通重仓股与非陆股通股票的特质性波动率，解释外资通过陆股通途径，对相应股票的特质性波动的影响效应；（2）对比相关股票市场，分析香港股票的特质性风险是否会进入 A 股市场，以此说明在资本市场开放进程中是 A 股港股化还是港股 A 股化，考查投资风格的变化。

参考文献

［1］巴曙松．论中国资本市场的开放路径选择［J］．世界经济，2003（3）：67－71.

［2］巴曙松，朱虹．融资融券、投资者情绪与市场波动［J］．国际金融研究，2016（8）：82－96.

［3］蔡彤彤，王世文．沪市与香港、美国股票市场间的联动性——基于"沪港通"实施前后的比较分析［J］．财会月刊，2015（14）：115－118.

［4］陈海强，范云菲．融资融券交易制度对中国股市波动率的影响——基于面板数据政策评估方法的分析［J］．金融研究，2015（6）：159－172.

［5］陈雨露，罗煜．金融开放与经济增长：一个述评［J］．管理世界，2007（4）：138－147.

［6］程天笑，刘莉亚，关益众．QFII与境内机构投资者羊群行为的实证研究［J］．管理科学，2014（4）：110－122.

［7］邓燊、杨朝军．汇率制度改革后中国股市与汇市关系——人民币名义汇率与上证综合指数的实证研究［J］．金融研究，2008（1）：29－41.

［8］董秀良，张婷，关云鹏．沪港通制度改善了我国股票市场定价效率吗？［J］．上海财经大学学报，2018（4）：78－92.

［9］方艳，贺学会，刘凌，曹亚晖．"沪港通"实现了我国资本市场国际化的初衷吗？——基于多重结构断点和 t－Copula－aDCC－GARCH 模型的实证分析［J］．国际金融研究，2016（11）：76－86.

［10］冯永琦，段晓航．"沪港通"对沪港股市联动效应的影响［J］．经济体制改革，2016（2）：143－147.

［11］顾海峰，张芮．沪港通制度、公司股价演进与分层效应——理论模型与经验证据［J］．金融经济学研究，2017（1）：26－35.

［12］郭阳生，沈烈，汪平平．沪港通降低了股价崩盘风险吗——基于双差分模型的实证研究［J］．山西财经大学学报，2018（6）：30－44.

［13］何诚颖，陈锐，蓝海平，徐向阳．投资者非持续性过度自信与股市反转效应［J］．管理世界，2014（8）：44－54.

［14］何雨轩，谷兴，陈绍刚．沪港通对A股市场的影响——基于ARIMA模型的预测分析［J］．西南民族大学学报，2015（4）：520－524.

［15］李江平．次新股价格异象实证研究［J］．价格理论与实践，2017（8）：92－95.

［16］李江平．纳入明晟指数究竟会带给A股什么——基于深港通制度的反事实评估方法研究［J］．金融经济学研究，2018（4）：77－86.

［17］李江平．游资套利与次新股的惯性效应和反转效应模型［J］．统计与决策，2018（23）：170－173.

［18］李江平，向坚．"沪港通"对投资者投资风格的影响——基于双重上市公司溢价率的实证研究［J］．现代商业，2020（8）：94－98.

［19］李江平．陆股通重仓股票的动量效应实证研究［J］．上海金融，2020（4）：22－30.

［20］李科，徐龙炳，朱伟骅．卖空限制与股票错误定价——融资融券制度的证据［J］．经济研究，2014（10）：165－178.

［21］李心丹，俞红海，陆蓉，徐龙炳．中国股票市场"高送转"现象研究［J］．管理世界，2014（11）：133－145.

［22］李媛．"沪港通"交叉上市公司股票价格发现与联动性研究［J］．商业研究，2016（11）：41－46.

［23］李媛．沪港通究竟带来了什么？——对双重上市公司股票价格差异的研究［J］．经济体制改革，2017（2）：122－130.

［24］李志生，杜爽，林秉旋．卖空交易与股票价格稳定性——来自中国融资融券市场的自然实验［J］．金融研究，2015（6）：173－188.

［25］李志文，余佩琨，杨靖．机构投资者与个人投资者羊群行为的差异［J］．金融研究，2010（11）：77－89.

［26］廖士光，杨朝军．卖空交易机制对股价的影响——来自台湾股市的经验数据［J］．金融研究，2005（10）：131－140.

［27］林祥友，胡双，彭滟茹，全施烧．沪港通对沪深港股市竞争关系的影响研究［J］．软科学，2017（5）：140－144.

［28］刘博，皮天雷．惯性策略和反转策略：来自中国沪深 A 股市场的新证据［J］．金融研究，2007（8）：154－166.

［29］刘成彦，胡枫，王皓．QFII 也存在羊群行为吗？［J］．金融研究，2007（10）：111－122.

［30］刘海飞，柏巍，李冬昕，许金涛．沪港通交易制度能提升中国股票市场稳定性吗？——基于复杂网络的视角［J］．管理科学学报，2018（1）：97－110.

［31］刘荣茂，刘恒昕．沪港通对沪市股票市场有效性的影响［J］．经济与管理研究，2015（8）：54－62.

［32］刘晓星，段斌，谢福座．股票市场风险溢出效应研究：基于 EVT－Copula－CoVaR 模型的分析［J］．世界经济，2011（11）：145－159.

［33］鲁臻，邹恒普．中国股市的惯性与反转效应研究［J］．经济研究，2007（9）：145－155.

［34］吕江林，王雯雯．沪港通对我国股票价格的短期影响研究［J］．江西社会科学，2016（1）：48－54.

［35］潘海英，周婷，范小艳．国际油价波动对我国航空业股票指数影响

研究——基于沪港通前后 A 股和 H 股两市对比分析 [J]. 价格理论与实践，2018（9）：52 - 55.

[36] 潘莉，徐建国. A 股个股回报率的惯性与反转 [J]. 金融研究，2011（1）：149 - 166.

[37] 彭叠峰、饶育蕾、雷湘媛. 基于注意力传染机制的股市动量与反转模型研究 [J]. 中国管理科学，2015（5）：32 - 40.

[38] 孙寅浩，黄文凡. 为什么不收敛？——基于"沪港通"的 A - H 股价差实证研究 [J]. 投资研究，2015（12）：139 - 145.

[39] 田利辉，王冠英，谭德凯. 反转效应与资产定价：历史收益率如何影响现在 [J]. 金融研究，2014（10）：177 - 192.

[40] 王旻，廖士光，吴淑琨. 融资融券交易的市场冲击效应研究——基于中国台湾证券市场的经验和启示 [J]. 财经研究，2008（10）：99 - 109.

[41] 王一萱，屈文洲. 我国货币市场和资本市场连通程度的动态分析 [J]. 金融研究，2005（8）：112 - 122.

[42] 王朝阳，王振霞. 涨跌停、融资融券与股价波动率——基于 AH 股的比较研究 [J]. 经济研究，2017（4）：151 - 165.

[43] 吴文锋，朱云，吴冲锋，芮明. B 股向境内居民开放对 A、B 股市场分割的影响 [J]. 经济研究，2002（12）：33 - 41.

[44] 吴吉林，操君. 中国 A、B、H 股间市场一体化进程研究——基于 SKEWED - T - GJR - COPULA 方法的实证检验 [J]. 南方经济，2011（5）：43 - 53.

[45] 许从宝，刘晓星，石广平. 沪港通会降低上证 A 股价格波动性吗？——基于自然实验的证据 [J]. 金融经济学研究，2016（6）：28 - 39.

[46] 许年行，洪涛，吴世农，徐信忠. 信息传递模式、投资者心理偏差与股价"同涨同跌"现象 [J]. 经济研究，2011（4）：135 - 146.

[47] 许年行，于上尧，伊志宏. 机构投资者羊群行为与股价崩盘风险

［J］．管理世界，2013（7）：31－43．

［48］徐晓光，余博文，郑尊信．内地股市与香港股市融合动态分析——基于沪港通视角［J］．证券市场导报，2015（10）：61－66．

［49］闫红蕾，赵胜明．沪港通能否促进 A 股与香港股票市场一体化［J］．中国管理科学，2016（11）：1－10．

［50］杨瑞杰，张向丽．沪港通对大陆、香港股票市场波动溢出的影响研究——基于沪深 300 指数、恒生指数高频数据［J］．金融经济学研究，2015（6）：49－59．

［51］翟爱梅，罗伟卿．惯性反转效应是市场的偶然还是普遍规律［J］．统计研究，2013（12）：100－109．

［52］张荣武，何丽娟，聂慧丽．中国股市动量效应与反转效应形成机制研究［J］．统计与决策，2013（4）：142－145．

［53］赵华，麻露．中国金融市场的时变信息溢出研究［J］．财贸研究，2016（5）：19－39，38．

［54］郑挺国，刘堂勇．股市波动溢出效应及其影响因素分析［J］．经济学（季刊），2018（2）：669－692．

［55］钟覃琳，陆正飞．资本市场开放能提高股价信息含量吗？［J］．管理世界，2018（1）：169－179．

［56］邹新阳，邓瑶．沪港通对沪港两市波动性的影响——基于 GARCH 模型的实证分析［J］．当代金融研究，2018（1）：57－66．

［57］Abreu，D.，Brunnermeier，M. K. Bubbles and Crashes［J］．*Econometrica*，2003，Vol. 71，pp. 173－204．

［58］Allen，F.，Gale，D. Arbitrage，Short Sales，and Financial Innovation［J］．*Econometrica*，1991，Vol. 59，pp. 1041－1068．

［59］Amihud Y.，Mendelson，H. AssetPricing and the Bid－Ask Spread［J］．*Journal of Financial Economics*，1986，Vol. 17，pp. 223－249．

[60] Amihud Y. , Mendelson, H. Liquidity Maturity and the Yields on U. S. Treasury Securities [J]. *The Journal of Finance*, 1991, Vol. 46, pp. 1411 – 1425.

[61] Anufriev, M. , Tuinstra, J. The Impact of Short – Selling Constraints on Financial Market Stability in a Heterogeneous Agents Model [J]. *Journal of Economic Dynamics and Control*, 2013, Vol. 37, pp. 1523 – 1543.

[62] Arouri, M. E. H. , Jouini, J. , Nguyen, D. K. Volatility Spillovers between Oil Prices and Stock Sector Returns: Implications for Portfolio Management [J]. *Journal of International Money and Finance*, 2011, Vol. 30, 1387 – 1405.

[63] Autore, D. M. , Billingsley, R. S. , Kovacs, T. The 2008 Short Sale Ban: Liquidity, Dispersion of Opinion, and the Cross – Section of Returns of US Financial Stocks [J]. *Journal of Banking & Finance*, 2011, Vol. 35, pp. 2252 – 2266.

[64] Bae, K. H. , Chan, K. , Ng, A. Investibility and Return Volatility [J]. *Journal of Financial Economics*, 2004, Vol. 71, pp. 239 – 263.

[65] Bai, Y. , Chang, E. C. , Wang, J. Asset Prices under Short – Sale Constraints [J]. China International Conference in Finance Working Paper, 2006, BCW061112.

[66] Baker, S. R. , Bloom, N. , and Davis, S. J. Measuring Economic Policy Uncertainty [J]. *Quarterly Journal of Economics*, 2016, Vol. 131, pp. 1593 – 1636.

[67] Bandarchuk, P. , Hilscher, J. Sources of Momentum Profits: Evidence on the Irrelevance of Characteristics [J]. *Review of Finance*, 2013, Vol. 17, pp. 809 – 845.

[68] Banz, R. W. The Relationship Between return and Market Value of Common Stocks [J]. *Journal of Financial Economics*, 1981, Vol. 9, pp. 3 – 18.

[69] Barberis, N. , Shleifer, A. , Vishny, R. A Model of Investor Sentiment [J]. *Journal of Financial Economics*, 1998, Vol. 49, pp. 307 – 403.

[70] Battalio, R., Schultz, P. Options and the Bubble [J]. *The Journal of Finance*, 2006, Vol. 61, pp. 2071 – 2102.

[71] Battalio, R., Schultz, P. Regulatory Uncertainty and Market Liquidity: The 2008 Short Sale Ban's Impact on Equity Option Markets [J]. *The Journal of Finance*, 2011, Vol. 66, pp. 2013 – 2053.

[72] Beber, A., Pagano, M. Short – Selling Bans Around the World: Evidence from the 2007 – 09 Crisis [J]. *The Journal of Finance*, 2013, Vol. 68, pp. 343 – 381.

[73] Bekaert, G., Harvey, C. R. Foreign Speculators and Emerging Equity Markets [J]. *The Journal of Finance*, 2000, Vol. 55, pp. 565 – 613.

[74] Bekaert, G., Harvey, C. R., Lundblad, C. Growth Volatility and Financial Liberalization [J]. *Journal of International Money and Finance*, 2006, Vol. 25, pp. 370 – 403.

[75] Berggrun, L., Lizarzaburu, E., Cardona, E. Idiosyncratic Volatility and Stock Returns: Evidence from the MILA [J]. *Research in International Business and Finance*, 2016, Vol. 37, pp. 422 – 434.

[76] Berk, J. B., Green, R. C., Naik, V. Optimal Investment, Growth Options and Security Returns [J]. *The Journal of Finance*, 1999, Vol. 54, pp. 1553 – 1607.

[77] Bernardo, A. E., Welch, I. Liquidity and Financial Market Runs [J]. *The Quarterly Journal of Economics*, 2004, Vol. 119, pp. 135 – 158.

[78] Boehmer, E., Jones, C. M., Zhang, X. Shackling Short Sellers: The 2008 Shorting Ban [J]. *The Review of Financial Studies*, 2013, Vol. 26, pp. 1363 – 1400.

[79] Boehmer, E., Wu, J. Short Selling and the Price Discovery Process [J]. *The Review of Financial Studies*, 2013, Vol. 26, pp. 287 – 322.

［80］Booth, G. G. , Fung, H. G. , Leung, W. K. A Risk – Return Explanation of the Momentum – Reversal "Anomaly" ［J］. *Journal of Empirical Finance*, 2016, Vol. 35, pp. 68 – 77.

［81］Borensztein, E. , Gelos, R. G. A Panic – Prone Pack? The Behavior of Emerging Market Mutual Funds ［J］. *IMF Staff Papers*, 2003, Vol. 50, pp. 43 – 63.

［82］Boulton, T. J. , Braga – Alves, M. V. The Skinny on the 2008 Naked Short – Sale Restrictions ［J］. *Journal of Financial Markets*, 2010, Vol. 13, pp. 397 – 421.

［83］Chakravarty, S. , Sarkar, A. , and Wu, L. Information Asymmetry, Market Segmentation and the Pricing of Cross – Listed Shares: Theory and Evidence from Chinese A and B shares ［J］. *Journal of International Financial Markets, Institutions and Money*, 1998, Vol. 8, pp. 325 – 355.

［84］Chang, E. C. , Cheng, J. W. , Yu, Y. Short – Sales Constraints and Price Discovery: Evidence from the Hong Kong Market ［J］. *The Journal of Finance*, 2007, Vol. 62, pp. 2097 – 2121.

［85］Chen, Y. F. , Wang C. Y. , Lin, F. L. Do Qualified Foreign Institutional Investors Herd in Taiwan's Securities Market? ［J］. *Emerging Markets Finance and Trade*, 2008, Vol. 44, pp. 62 – 74.

［86］Choe, H. Kho, B. C. , Stulz, R. M. Do Foreign Investors Destabilize Stock Markets? The Korean Experience in 1997 ［J］. *Journal of Financial Economics*, 1999, Vol. 54, pp. 227 – 264.

［87］Chui, A. C. W. , Titman, S. , Wei, K. C. J. Individualism and Momentum around the World ［J］. *The Journal of Finance*, 2010, Vol. 65, pp. 361 – 392.

［88］Conrad, J. , Kaul, G. AnAnatomy of Trading Strategies ［J］. *The Review of Financial Studies*, 1998, Vol. 11, pp. 489 – 519.

[89] Conrad, J., Yavuz, M. D. Momentum and Reversal: Does What Goes Up Alwalys Come Down? [J]. *Review of Finance*, 2017, Vol. 21, pp. 555 – 581.

[90] Cremers, M., Pareek, A. Short – Term Trading and Stock Return Anomalies: Momentum, Reversal and Share Issuance [J]. *Review of Fiance*, 2015, Vol. 19, pp. 1649 – 1701.

[91] Daniel, K., Hirshleifer, D., Subrahmanyam, A. Investor Psychology and Security Market Under – and Overreactions [J]. *The Journal of Finance*, 1998, Vol. 53, pp. 1839 – 1885.

[92] Diamond, D. W., Verrecchia, R. E. Constraints on Short – Selling and Asset Price Adjustment to Private Information [J]. *Journal of Financial Economics*, 1987, Vol. 18, pp. 277 – 311.

[93] Diebold, F. X., Yilmaz, K. Measuring Financial Asset Return and Volatility Spillovers, with Application to Global Equity [J]. *The Economic Journal*, 2009, Vol. 119, pp. 158 – 171.

[94] Diebold, F. X., Yilmaz, K. Better to Give Than to Receive: Predictive Directional Measurement of Volatility Spillovers [J]. *International Journal of Forecasting*, 2012, Vol. 28, pp. 57 – 66.

[95] Diebold, F. X., Yilmaz, K. On the Network Topology of Variance Decompositions: Measuring the Connectedness of Financial Firms [J]. *Journal of Econometrics*, 2014, Vol. 182, pp. 119 – 134.

[96] De Long, J. B., Shleifer, A., Summers, L. H., Waldmann, R. J. Noise Trader Risk in Financial Markets [J]. *Journal of Political Economy*, 1990, Vol. 98, pp. 703 – 738.

[97] Engle, R. F., Ito, T., Lin, W. L. Meteor Showers or Heat Waves? Heteroskedastic Intra – Daily Volatility in the Foreign Exchange Market [J]. *Econometrica*, Vol. 58, pp. 525 – 542.

[98] Fama, E. F. , French, K. R. Common Risk Factors in the Returns on Stocks and Bonds [J]. *Journal of Financial Economics*, 1993, Vol. 33, pp. 3 – 56.

[99] Fama, E. F. , Macbeth, J. D. Risk, Return, and Equilibrium: Empirical Tests [J]. *Journal of Political Economy*, 1973, Vol. 81, pp. 607 – 636.

[100] Fernald, J. , Rogers, J. H. Puzzles in the Chinese Stock Market [J]. *The Review of Economics and Statistics*, 2002, Vol. 84, pp. 416 – 432.

[101] Foerster, S. R. , Karolyi, G. A. The effect of Market Segmentation and Investor Recognition on Asset Prices: Evidence from Foreign Stocks Listing in the United States [J]. *The Journal of Finance*, 1999, Vol. 54, pp. 981 – 1013.

[102] Ghosh, A. Cointegration and Error Correction Models: Intertemporal Causality between Index and Futures Prices [J]. *The Journal of Futures Markets*, 1993, Vol. 13, pp. 193 – 198.

[103] Giraitis, L. , Kapetanios, G. , Yates, T. Inference on Stochastic Time – Varying Coefficient Models [J]. *Journal of Econometrics*, 2014, Vol. 179, pp. 46 – 65.

[104] Gu, M. , Kang, W. K. , Xu, B. Limits of Arbitrage and Idiosyncratic Volatility: Evidence from China Stock Market [J]. *Journal of Banking and Finance*, 2018, pp. 240 – 258.

[105] Henry, O. T. , Mckenzie, M. The Impact of Short Selling on the Price – Volume Relationship: Evidence from Hong Kong [J]. *The Journal of Business*, 2006, Vol. 79, pp. 671 – 691.

[106] Hong, H. , Stein, J. C. A Unified Theory of Underreaction, Momentum Trading, and Overreaction in Asset Markets [J]. *The Journal of Finance*, 1999, Vol. 54, pp. 2143 – 2184.

[107] Hong, H. , Stein, J. C. Differences of Opinion, Short – Sales Con-

straints, and Market Crashes [J]. *The Review of Financial Studies*, 2003, Vol. 16, pp. 487 – 525.

[108] Hsiao, C., Ching, H. S., Wan, S. K. A Panel Data Approach for Program Evaluation: Measuring the Benefits of Political and Economic Integration of Hong Kong with Mainland China [J]. *Journal of Applied Econometrics*, 2012, Vol. 27, pp. 705 – 740.

[109] Hsien, C., Yu, J. Institutional Trading and Price Momentum [J]. *International Review of Finance*, 2008, Vol. 8, pp. 81 – 102.

[110] Hsu, C. C., Tseng, C. P., Wang, Y. H. Dynamic Hedging with Futures: A Copula – Based Garch Model [J]. *The Journal of Futures Markets*, 2008, Vol. 28, pp. 1095 – 1116.

[111] Huang, P. K. Volatility Transmission across Stock Index Futures When There Are Structural Changes in Return Variance [J]. *Applied Financial Economics*, 2012, Vol. 22, pp. 1603 – 1613.

[112] Huang, Z., Wu Y. Short – Selling, Margin – Trading, and Market Valuation [D]. Researchgate Working paper, 2009, 228917017.

[113] Jegadeesh, N., Titman, S. Returns to Buying Winners and Selling Losers: Implications for Stock Market Efficiency [J]. *The Journal of Finance*, 1993, Vol. 48, pp. 65 – 91.

[114] Johansson, A. C. China's Financial Market Integration with the World [D]. Researchgate Working Paper, 2009, 46470142.

[115] Jondeau, E., Rockinger, M. The Copula – Garch Model of Conditional Dependencies: An International Stock Market Application [J]. *Journal of International Money and Finance*, 2006, Vol. 25, pp. 827 – 853.

[116] Kaminsky, G., Lyons, R. K., Schmukler, S. L. Managers, Investors, and Crises: Mutual Fund Strategies in Emerging Markets [J]. *Journal of*

International Economics, 2004, Vol. 64, pp. 113 – 134.

[117] Kao, E. H., Ho, T., Fung, H. G. Price linkage between the US and Japanese Futures across Different Time Zones: An Analysis of the Minute – by – Minute Data [J]. *Journal of International Financial Markets, Institutions and Money*, 2015, Vol. 34, pp. 321 – 336.

[118] Karanasos, M., Paraskevopoulos, A. G., Ali, F. M., Karoglou, M., Yfanti, S. Modelling Stock Volatilities during Financial Crises: A Time Varying Coefficient Approach [J]. *Journal of Empirical Finance*, 2014, Vol. 29, pp. 113 – 128.

[119] Kim, E. K., Singal, V., "Stock Market Openings: Experience of Emerging Economies", Journal of Business, 2000, Vol. 73, pp. 25 – 66.

[120] Korajczyk, R. A., Sadka, R. Are Momentum Profits Robust to Trading Costs [J]. *The Journal of Finance*, 2004, Vol. 59, pp. 1039 – 1082.

[121] Lee, C. M. C., Swaminathan, B. Price Momentum and Trading Volume [J]. *The Journal of Finance*, 2000, Vol. 55, pp. 2017 – 2069.

[122] Lin, C. H. The Comovement between Exchange Rates and Stock Prices in the Asian Emerging Markets [J]. *International Review of Economics and Finance*, 2012, Vol. 22, pp. 161 – 172.

[123] Lins, K. V., Strickland, D., Zenner, M. Do Non – U. S. Firms Issue Equity on U. S. Stock Exchanges to Relax Capital Constraints? [J]. *The Journal of Financial and Quantitative Analysis*, 2005, Vol. 40, pp. 109 – 133.

[124] Mei, J, Scheinkman, J. A., Xiong, W. Speculative Trading and Stock Prices: An Analysis of Chinese A – B Share Premia [J]. *Annals of Economics and Finance*, 2009, Vol. 10, pp. 225 – 255.

[125] Merton, R. C. A Simple Model of Capital Market Equilibrium with Incomplete Information [J]. *The Journal of Finance*, 1987, Vol. 42, pp. 483 – 510.

［126］Miller, E. M. Risk, Uncertainty, and Divergence of Opinion ［J］. *The Journal of Finance*, 1977, Vol. 32, pp. 1151 – 1168.

［127］Mitton, T. Stock Market Liberalization and Operating Performance at the Firm Level ［J］. *Journal of Financial Economics*, 2006, Vol. 81, pp. 625 – 647.

［128］Moskowitz, T. J. , Grinblatt, M. Do Industries Explain Momentum? ［J］. *The Journal of Finance*, 1999, Vol. 54, pp. 1249 – 1290.

［129］Nakajima, J. Time – Varying Parameter VAR Model with Stochastic Volatility: An Overview of Methodology and Empirical Applications ［J］. *Monetary and Economic Studies*, 2011, Vol. 29, pp. 107 – 142.

［130］Ning, C. Dependence Structure between the Equity Market and the Foreign Exchange Market – A Copula Approach ［J］. *Journal of International Money and Finance*, 2010, Vol. 29, pp. 743 – 759.

［131］Novy – Marx, R. Is Momentum Really Momentum? ［J］. *Journal of Financial Economics*, 2012, Vol. 103, pp. 429 – 523.

［132］Primiceri, G. E. Time Varying Structural Vector Autoregressions and Monetary Policy ［J］. *The Review of Economic Studies*, 2005, Vol. 72, pp. 821 – 852.

［133］Reboredo, J. C. , Rivera – Castro, M. A. , Ugolini, A. Downside and Upside Risk Spillovers between Exchange Rates and Stock Prices ［J］. *Journal of Banking and Finance*, 2016, pp. 76 – 96.

［134］Saffi, P. A. C. , Sigurdsson, K. Price Efficiency and Short Selling ［J］. *The Review of Financial Studies*, 2011, Vol. 24, pp. 821 – 885.

［135］Schuppli, M. , Bohl, M. T. Do Foreign Institutioanl Investors Destabilize China's A – Share Markets? ［J］. *Journal of International Financial Markets, Institutions and Money*, 2010, Vol. 20, pp. 36 – 50.

［136］Seasholes, M. , Wu, G. Predictable Behavior, Profits, and Attention ［J］. *Journal of Empirical Finance*, 2007, Vol. 14, pp. 590 – 610.

［137］Sharif, S., Anderson, H. D., Marshall, B. R. Against the Tide: The Commencement of Short Selling and Margin Trading in Mainland China ［J］. *Accounting and Finance*, 2014, Vol. 54, pp. 1319 – 1355.

［138］Singh, P., Kumar, B., Pandey, A. Price and Volatility Spillovers across North American, European and Asian Stock Markets ［J］. *International Review of Financial Analysis*, 2010, Vol. 19, pp. 55 – 64.

［139］Stapleton, R. C., Subrahmanyam, M. G. Market Imperfections, Capital Market Equilibrium and Corporation Finance ［J］. *The Journal of Finance*, 1977, Vol. 32, pp. 307 – 319.

［140］Stulz, R. M., Wasserfallen. Foreign Equity Investment Restrictions, Capital Flight, and Shareholder Wealth Maximization: Theory and Evidence ［J］. *The Review of Financial Studies*, 1995, Vol. 8, pp. 1019 – 1057.

［141］Sun, Q., Tong, W. H. S. The Effect of Market Segmentation on Stock Prices: The China Syndrome ［J］. *Journal of Banking and Finance*, 2000, Vol. 24, pp. 1875 – 1902.

［142］Wang, M., Qiu, C., Kong, D. Corporate Social Responsibility, Investor Behaviors, and Stock Market Returns: Evidence from a Natural Experiment in China ［J］. *Journal of Business Ethics*, 2011, Vol. 101, pp. 127 – 141.

［143］Wang, Y., Chen, C. R., and Huang, Y. S. Economic Policy Uncertainty and Corporate Investment: Evidence from China ［J］. *Pacific – Basin Finance Journal*, 2014, Vol. 26, pp. 227 – 243.

［144］Yarovaya, L., Brzeszczynski, J., Lau, C. K. M. Intra – and Inter – Regional Return and Volatility Spillovers across Emerging and Developed Markets: Evidence from Stock Indices and Stock Index Futures ［J］. *International Review of Financial Analysis*, 2016, Vol. 43, pp. 96 – 114.

后记

在博士生涯结束一年之际，十分高兴能参与上海黄金交易所的博士后文库项目。本书是对博士期间和上海黄金交易所博士后研究成果的重新整理。感谢焦瑾璞理事长在工作上的指导和勉励，让我们始终不忘从事学术研究的初心。感谢王振营总经理的指导和知识传授，他的《交易经济学》是一门开创性的经济学理论，值得经济学、金融学学者和从业者细细品味。很荣幸能参加《交易经济学》研读班，能够与小组成员共同创作《交易经济学导读》，能够用《交易经济学》解释许多金融现象，这段经历毕生难忘。感谢博士后工作站张爱农总监对我业务上的指导。

本书从选题到最后的修改完善都得到博士期间导师李宏教授的指点，李老师渊博的知识和高瞻远瞩的视野深深地影响了我，感谢他成为我从事经济学研究的引路人。感谢上海财经大学王龑楚教授、杨金强教授、金德环教授、奚君羊教授给我的修改意见，使得本书结构更加完善。

感谢博士期间能够遇见许多优秀的同窗。我们同时来到上海财经大学，一起打羽毛球，一起从事科学研究，使博士生活多了一份充实。感谢上海黄金交易所的博士后对我工作和学术上的帮助，非常有幸能与你们共同完成一份份报告和一次次学术活动。在成书之际，感谢责任编辑黄海清对本书的完善提了很多宝贵的意见。

我特别需要感谢的是我的妻子王俊芳和我的父母对我生活上的支持，到上海求学以来，几乎所有的家务和孩子的教育都落在了妻子的身上，在我的整个学术生涯中她付出了很多。同时，我还得感谢我的女儿李嘉璐，隐约还记得我备考博士时，她总坐在书桌上陪我学习，一晃眼，她已从幼儿园的小朋友变成了可爱的小学生。我的求学生涯伴随着她的成长，出乎意料的是她有很强的上进心，读书也变成她的最爱，她的上进心同时也激励着我前进。本书献给我的孩子李嘉璐。

最后，感谢上海黄金交易所能够给我这么好的平台。祝愿博士后工作站越办越好！

李江平

2020 年 5 月于上海黄金交易所